Introdução à sociologia do esporte

SÉRIE CORPO EM MOVIMENTO

inter
saberes

2ª edição

Introdução à sociologia do esporte

Wanderley Marchi Júnior
Bárbara Schausteck de Almeida
Juliano de Souza

intersaberes

Rua Clara Vendramin, 58 • Mossunguê • CEP 81200-170 • Curitiba • PR • Brasil
Fone: (41) 2106-4170 • www.intersaberes.com • editora@intersaberes.com

Conselho editorial
Dr. Alexandre Coutinho Pagliarini
Dr.ª Elena Godoy
Dr. Neri dos Santos
M.ª Maria Lúcia Prado Sabatella

Editora-chefe
Lindsay Azambuja

Gerente editorial
Ariadne Nunes Wenger

Assistente editorial
Daniela Viroli Pereira Pinto

Preparação de originais
Julio Cesar
Camillo Dias Filho

Edição de texto
Natasha Saboredo

Capa
Laís Galvão (*design*)
Luana Machado Amaro (adaptação)
Monkey Business Images/
Shutterstock (imagem)

Projeto gráfico
Luana Machado Amaro

Diagramação
Sincronia Design

Equipe de *design*
Luana Machado Amaro
Laís Galvão
Charles L. da Silva

Iconografia
Maria Elisa de Carvalho Sonda
Regina Claudia Cruz Prestes

Dados Internacionais de Catalogação na Publicação (CIP)
(Câmara Brasileira do Livro, SP, Brasil)

Marchi Júnior, Wanderley
 Introdução à sociologia do esporte / Wanderley Marchi Júnior, Bárbara Schausteck de Almeida, Juliano de Souza. -- 2. ed. -- Curitiba, PR : InterSaberes, 2024. -- (Série corpo em movimento)

 Bibliografia.
 ISBN 978-85-227-1571-8

 1. Esportes – Aspectos sociológicos I. Almeida, Bárbara Schausteck de. II. Souza, Juliano de. III. Título. IV. Série.

24-221212   CDD-796.01

Índices para catálogo sistemático:
1. Sociologia do esporte   796.01

Cibele Maria Dias – Bibliotecária – CRB-8/9427

1ª edição, 2019.
2ª edição, 2024.

Foi feito o depósito legal.

Informamos que é de inteira responsabilidade dos autores a emissão de conceitos.

Nenhuma parte desta publicação poderá ser reproduzida por qualquer meio ou forma sem a prévia autorização da Editora InterSaberes.

A violação dos direitos autorais é crime estabelecido na Lei n. 9.610/1998 e punido pelo art. 184 do Código Penal.

Sumário

Apresentação • 13
Como aproveitar ao máximo este livro • 15

Capítulo 1
*As ciências sociais, o fazer sociológico
e o trabalho intelectual* • 21
   1.1 Introdução às ciências humanas e sociais • 25
   1.2 O artesanato intelectual • 31
   1.3 Perfil do profissional de educação física investigador em ciências sociais • 36
   1.4 O fazer sociológico: um passo a passo para a confecção do artesanato • 41
   1.5 Questões sociológicas • 47

Capítulo 2
Contextualizando a sociologia do esporte • 59
   2.1 O conceito de esporte • 62
   2.2 A construção histórico-social do esporte • 67
   2.3 A sociologia do esporte no Brasil • 73
   2.4 Velhas e novas tensões da sociologia do esporte e da educação física • 78
   2.5 O modelo de análise sociológica dos 5 Es • 84

Capítulo 3
Abordagens teóricas para o estudo do esporte • 97
3.1 Teoria do jogo • 101
3.2 Teoria marxista • 107
3.3 Teoria do processo civilizador • 112
3.4 Teoria reflexiva dos campos • 117
3.5 Teorias da pós-modernidade e da globalização • 121

Capítulo 4
Categorias sociológicas para análise do esporte – Parte I • 133
4.1 Dominação ideológica e resistência • 136
4.2 Diversidade e inclusão social • 142
4.3 Secularização • 150
4.4 Racionalização • 154
4.5 Globalização • 161

Capítulo 5
Categorias sociológicas para análise do esporte – Parte II • 173
5.1 Catarse e violência • 176
5.2 Socialização e distinção social • 184
5.3 Identidade • 193
5.4 Corporeidade • 199
5.5 Ecologização • 205

Capítulo 6
   Campos de análise da sociologia do esporte • 215
   6.1 Desvios e inclusão social • 218
   6.2 Indústria cultural e mídia • 226
   6.3 Economia e meio ambiente • 231
   6.4 Virtualização e tecnologias • 238
   6.5 Políticas e megaeventos • 245

Considerações finais • 259
Referências • 263
Bibliografia comentada • 271
Respostas • 273
Sobre os autores • 281

Dedicamos esta obra a uma pessoa muito querida de nosso grupo, a qual nos deixou muito cedo. Essa pessoa nos ajudou a compreender melhor o sentido das palavras *respeito, dedicação, trabalho, amor* e, infelizmente, da palavra *saudade*...

A Fernando Dandoro Castilho Ferreira, nosso eterno carinho!

Ao professor Marcos Ruiz da Silva, pela oportunidade de materializar nesta obra nossa experiência docente na área de sociologia do esporte.

Aos profissionais da Editora InterSaberes, pelo contínuo profissionalismo e suporte durante o processo de construção deste livro.

Ao Centro de Pesquisa em Esporte e Lazer e Sociedade (Cepels) da Universidade Federal do Paraná (UFPR), que contribuiu para nossa formação profissional, permitindo-nos transcrever sob a forma de livro uma experiência coletiva (nossa e de nossos alunos) que se desenvolveu no âmbito da sociologia do esporte.

Aos membros do grupo de pesquisa Observatório de Educação Física e Esporte (Oefe) da Universidade Estadual de Maringá (UEM), em especial ao Vinicius Machado de Oliveira e ao Marcos Roberto Brasil, os quais, direta ou indiretamente, participaram das discussões e contribuíram com sugestões para a elaboração desta obra.

Apresentação

Vários anos se passaram desde a primeira oportunidade que tivemos de lecionar uma disciplina que pudesse minimamente tratar dos aspectos socioculturais do esporte. Inicialmente, em uma universidade pública federal, fomos contemplados com uma carga horária superior à das demais disciplinas do corpo curricular. Somado a isso, havia um conteúdo programático predeterminado que explicava muito bem o porquê de os alunos historicamente construírem certa "aversão" em torno da matéria.

Contudo, não podemos nos queixar do que nos foi ofertado naquele momento. Pelo contrário, pensamos que a partir daquele contexto começou a ser arquitetado o que hoje podemos apresentar aos leitores desta obra. Aquela experiência inicial nos permitiu detectar lacunas, limites, preconceitos e possibilidades a serem desenvolvidas com o trabalho de ensino e pesquisa na área de sociologia do esporte.

Percebemos que ela pouco se articulava em termos de aproximação entre trabalho empírico e apropriação teórica, além de se afastar quase de maneira inconsciente do principal público que poderia, ou melhor, deveria efetivar esse trabalho intelectual, ou seja, os professores de educação física. Em uma linguagem coloquial, a aula de sociologia do esporte precisava deixar de ser "teórica" para ser mais "prática"; dito de outra forma, ela tinha de se tornar mais atrativa e fazer mais sentido para alunos e professores.

Detectados esses cenários e contextos, muitas vezes ambíguos, aliados ao conjunto de experiências vividas em sala de aula, congressos, palestras e colóquios acadêmicos e ao intenso envolvimento com a produção bibliográfica e a pós-graduação, chegamos hoje, com imensa satisfação – a qual não podemos deixar de explicitar – à organização deste livro, que é fruto desse período de trabalho conjunto pautado em qualificadas leituras, pesquisas, análises e debates com colegas que são referência em seus respectivos campos de atuação.

Assim sendo, a obra busca evidenciar, em linguagem didática e acessível, um universo de apropriação teórica referente à área de sociologia do esporte, o qual está envolvido com as possíveis realidades e constituições empíricas presentes na sociedade. Esperamos também suprir a deficiência detectada na formação em educação física e, principalmente, estimular os profissionais a desenvolverem o que definimos como *artesanato intelectual*. Certamente esse procedimento pedagógico e metodológico ajudará a qualificar e diferenciar a formação desses professores.

Para tanto, fizemos a seguinte distribuição temática nos capítulos: no Capítulo 1, trataremos das ciências sociais e do trabalho intelectual; no Capítulo 2, da contextualização histórica da sociologia do esporte; no Capítulo 3, das possíveis abordagens teóricas para o estudo do esporte; nos Capítulos 4 e 5, das categorias sociológicas para o estudo do esporte; e no Capítulo 6, dos campos de análise da sociologia do esporte.

Para finalizar, gostaríamos de registrar o prazer de poder contribuir, com rigor e comprometimento, com o processo de desenvolvimento e qualificação da educação física no Brasil por meio desta obra. Nesse contexto, o trabalho contínuo, criterioso e fraterno estabelecido com as diferentes gerações que compõem o presente livro se traduz em grande estímulo e inspiração para todos aqueles que estão inseridos neste universo acadêmico e profissional.

Desejamos a todos uma profícua leitura.

Como aproveitar ao máximo este livro

Empregamos nesta obra recursos que visam enriquecer seu aprendizado, facilitar a compreensão dos conteúdos e tornar a leitura mais dinâmica. Conheça a seguir cada uma dessas ferramentas e saiba como estão distribuídas no decorrer deste livro para bem aproveitá-las.

Introdução do capítulo

Logo na abertura do capítulo, informamos os temas de estudo e os objetivos de aprendizagem que serão nele abrangidos, fazendo considerações preliminares sobre as temáticas em foco.

Importante!

Algumas das informações centrais para a compreensão da obra aparecem nesta seção. Aproveite para refletir sobre os conteúdos apresentados.

Pense a respeito

Aqui você encontra reflexões que fazem um convite à leitura, acompanhadas de uma análise sobre o assunto.

Preste atenção!

Apresentamos informações complementares a respeito do assunto que está sendo tratado.

Síntese

Ao final de cada capítulo, relacionamos as principais informações nele abordadas a fim de que você avalie as conclusões a que chegou, confirmando-as ou redefinindo-as.

Indicações culturais

Nesta seção, os autores oferecem algumas indicações de livros, filmes ou *sites* que podem ajudá-lo a refletir sobre os conteúdos estudados e que permitem o aprofundamento em seu processo de aprendizagem.

Atividades de autoavaliação

Com estas questões objetivas, você tem a oportunidade de verificar o grau de assimilação dos conceitos examinados, motivando-se a progredir em seus estudos e a se preparar para outras atividades avaliativas.

Atividades de aprendizagem

Aqui apresentamos questões que aproximam conhecimentos teóricos e práticos a fim de que você analise criticamente determinado assunto.

Bibliografia comentada

Nesta seção, comentamos algumas obras de referência para o estudo dos temas examinados ao longo do livro.

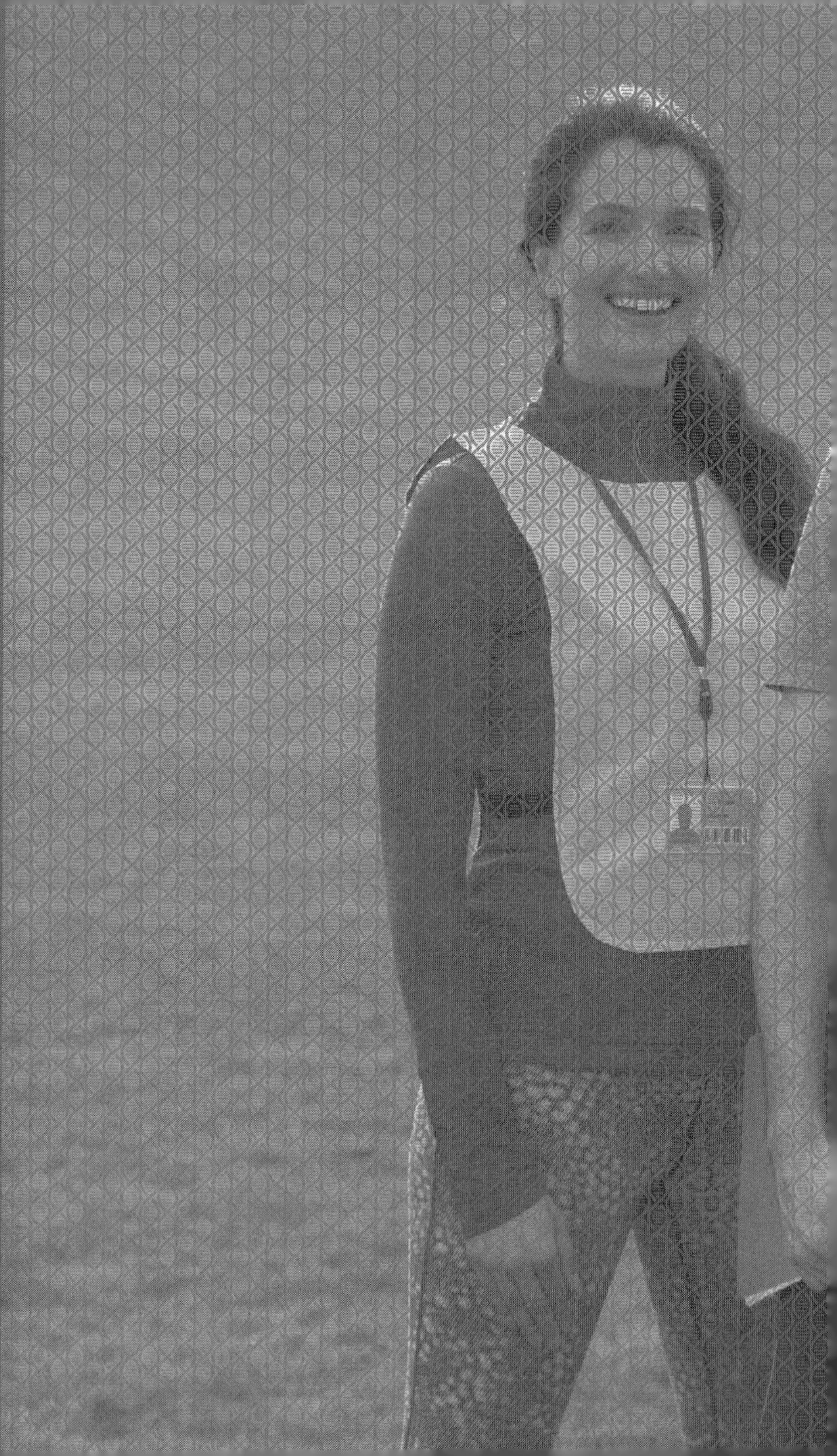

Capítulo 1

As ciências sociais, o fazer sociológico e o trabalho intelectual

Não há como negar que, no decorrer das últimas décadas, a área de educação física, para além dos saberes que já lhe são historicamente mais afeitos, tem se utilizado de vários conhecimentos do campo das ciências humanas e sociais para levar a rigor tanto sua prática de ensino quanto a atividade científica. A área tem, por exemplo, encontrado suporte e sustentação nos domínios da sociologia, da história, da antropologia, da educação etc., o que possibilita a construção de uma prática pedagógica ampla e também de pesquisas que analisem as múltiplas possibilidades de intervenção que contemplam o objeto comum a esse campo: o **movimento humano** (Tani et al., 1988).

A sociologia, em especial (os estudos que temos desenvolvido apontam isso), se configura como forte aliada da educação física não só porque pode emprestar métodos e teorias que aprimorem as análises e os modos de realizarmos nossas práticas pedagógicas – o que já não seria pouco –, mas também porque permite que a confrontemos com o que ela tem sido e o que é como área. A sociologia se apresenta como base para uma reflexividade que ainda não está repartida de forma mais abrangente no campo da educação física. Nossa esperança é que essa reflexividade em marcha possa, ao longo do tempo, se distribuir de forma mais intensa e envolvente.

Importante!

Os conhecimentos da sociologia contribuem com a educação física no que se refere à melhoria de suas práticas pedagógicas e à reflexão sobre seu papel e sua posição na sociedade.

No presente capítulo, procuramos retomar essas e outras questões para reunir elementos teórico-metodológicos da sociologia e sistematizá-los, a fim de levar a cabo pesquisas e investigações no âmbito dos estudos socioculturais e pedagógicos em educação física. Nesse contexto, apresentaremos inicialmente uma breve introdução às ciências humanas e sociais com ênfase no *modus operandi* da sociologia. Em seguida, daremos enfoque a dois dos principais fundamentos metodológicos que perpassam a produção de pesquisas sobre essa temática, a saber: (1) a relação entre pesquisador e objeto e (2) a relação entre teoria e empiria. Para tornar esse percurso mais atrativo, discorreremos sobre essas relações com base na metáfora do **artesanato intelectual**.

1.1 Introdução às ciências humanas e sociais

A sociologia, juntamente com a antropologia e a ciência política, é uma das áreas que pertencem às ciências sociais. Embora haja discussão sobre as especificidades de cada uma dessas três áreas do conhecimento, podemos afirmar que elas apresentam diversos pontos de convergência, especialmente porque todas propõem uma compreensão sobre as interações entre os seres humanos. Aproximando-se desse propósito, há também áreas das ciências humanas, como história, psicologia, direito, letras, artes e administração, que também dialogam e contribuem mutuamente para a construção do conhecimento.

A especificidade da sociologia – e, mais amplamente, das ciências sociais – é ser uma ciência que continuamente se pensa ao mesmo tempo que se faz. Trata-se de uma área altamente reflexiva, que qualifica a **leitura da realidade**. Essa leitura qualificada requer, no entanto, uma incorporação de referenciais teórico-metodológicos próprios. Essa, inclusive, é uma das primeiras condições metodológicas inerentes à constituição de cientificidade para uma ciência das relações humanas e sociais.

Importante!

A sociologia se destaca pela reflexividade fundamentada na incorporação de referenciais teórico-metodológicos próprios, o que a qualifica como ciência.

Nem sempre as diferentes referências teóricas e metodológicas chegam a consensos, ou seja, não há concordância geral sobre alguns temas. Isso gera polarizações e tensões no exercício de leitura da realidade social no âmbito acadêmico e na própria sociedade. Por exemplo, alguns analistas creem que os estudos devem comparar diferentes realidades para que possamos compreendê-las, ao passo que outros acreditam que são as abordagens estatísticas, com base em dados quantitativos, aquelas que melhor explicam a realidade.

Há vários outros pontos de discordância que, por vezes, colocam grupos e compreensões em pontos extremamente opostos – pensemos nas distâncias entre opiniões políticas, que com frequência não chegam a conclusões próximas ou comuns. Ao mesmo tempo que uns afirmam existirem apenas árvores (indivíduos) e não floresta (sociedade), outros invertem essa relação e são levados a perceber somente a floresta e nunca as árvores (Elias, 1994). Trata-se, no entanto, de posturas que podem ser proveitosamente superadas.

Além da superação dessa visão de oposição que não encontra pontos em comum (as chamadas *dicotomias*), o que representa um avanço na produção de conhecimento nas ciências humanas e sociais, é importante lembrar que a construção do objeto de pesquisa em humanidades é um processo complexo, que segue determinadas regras (um passo a passo), as quais, no entanto, podem ser readequadas durante a realização da pesquisa. Não se trata, evidentemente, de manipular os resultados para que eles melhor atendam aos desejos do pesquisador, mas de realizar ajustes nas análises no sentido de aperfeiçoá-las e torná-las mais consistentes.

Nesse sentido, a necessidade de se realizar adequações à medida que a pesquisa se desenvolve nas humanidades, desde que devidamente pensadas e problematizadas pelo pesquisador, aponta para uma característica singular da área, conforme demonstraremos na próxima seção. Essa característica, muitas vezes, não é bem vista por aqueles que fazem pesquisas em ciências naturais, o que indica uma situação de disputas e conflitos em torno da definição de qual é a forma mais apropriada de se fazer e ensinar ciência. Esse tipo de postura, entretanto, não é nada salutar no processo de produção e lapidação do conhecimento, uma vez que cada área tem suas características e formas próprias de análise.

Além disso, a relação do pesquisador com o objeto de pesquisa nas ciências sociais tende a ser bastante diferente se comparada à de profissionais de outras áreas, como das ciências biológicas ou das ciências naturais.

Em outras palavras, no campo das humanidades, os pesquisadores podem se envolver mais com o campo e o objeto de pesquisa, o que, no entanto, não quer dizer que eles não mantenham o devido grau de distanciamento e objetividade. Pelo contrário, o reconhecimento do campo de pesquisa pode dimensioná-lo com relação a possíveis influências do objeto, gerando informações mais seguras. Nesse sentido, esse conhecimento prévio possibilita o acesso a elementos que uma pessoa "externa" teria mais dificuldade de enxergar. Não por acaso um objeto de pesquisa com o qual o agente de investigação não tem proximidade pode ser analisado superficialmente, ao passo que um objeto que você conheceu a rigor pode ser mais bem estudado em suas especificidades e detalhes (Bourdieu, 2003).

Pense a respeito

Busque um livro acadêmico que trate de uma modalidade esportiva específica e, em seguida, investigue qual é o envolvimento de seu(s) autor(es) com a modalidade. Será que a autoria praticou a modalidade em questão?

Conjuntamente a essa proximidade com o tema/objeto de pesquisa, é imprescindível haver uma dose também de distanciamento por parte do pesquisador. Há também a necessidade de que os agentes que aspiram fazer pesquisa em humanidades realizem uma análise de seu envolvimento com o tema/objeto a ser investigado.

Para utilizarmos uma metáfora, já citada pelo sociólogo alemão Norbert Elias (1998), poderíamos dizer que fazer pesquisa é como se refugiar em um barril para enfrentar a correnteza de um rio (envolvimento). No entanto, é possível que esse rio esteja rumando para uma queda d'água. Assim, ao avistá-la, o pesquisador, para sobrevivência, deve imediatamente largar o barril (distanciamento). Caso contrário, ele entrará em apuros e terá problemas maiores, ou seja, comprometerá a pesquisa que está realizando.

Importante!

Os estudos nas ciências humanas e sociais tem como diferencial o fato de que seu pesquisador faz parte diretamente das realidades investigadas. Esse envolvimento precisa ser cuidadoso, na perspectiva de que o distanciamento também é importante.

Esse tipo de proposta, se pensarmos como Pierre Bourdieu, autor francês bastante utilizado nas investigações em sociologia do esporte, equivale a um exercício de **autoanálise** (refletir sobre sua própria posição) e de **vigilância epistemológica** (cuidado do pesquisador em perceber o que pertence à própria perspectiva e o que pertence ao objeto ou tema de investigação), o qual deve ser realizado sempre que formos definir e construir nossos objetos de pesquisa.

De acordo com o mencionado sociólogo francês, o importante é que o pesquisador construa o objeto e não seja construído por este. Isso novamente remete à especificidade do fazer científico nas ciências humanas e sociais, uma vez que o investigador, na condição de ser social, participa da sociedade que estuda, mas ao tempo precisa problematizar essa participação. Esse é um exercício difícil, porque nós mesmos precisamos romper com as primeiras impressões que construímos sobre o mundo.

É evidente que essa tomada de posição não inviabiliza o valor do conhecimento que o mundo social produz a seu próprio respeito. Por sinal, o próprio saber sociológico que é produzido no mundo por agentes competentes tem suma importância para as pesquisas em sociologia e história do esporte. Essa produção do **universo social** a seu próprio respeito pode ser dividida em dois grandes segmentos: os **materiais impressos**, exemplificados pela produção de jornais, revistas, livros, relatórios técnicos e documentos; e os **materiais digitais**, exemplificados pelos filmes, novelas, vídeos, programas esportivos, documentários etc. Essas produções, embora haja uma série de outras que a elas se soma, já conseguem esclarecer o que entendemos ser a **autoprodução empírica** do mundo social. É possível, além disso, que o pesquisador também produza o próprio material empírico acerca do mundo social, por meio não de experimentos ou testes de laboratório, mas de entrevistas, questionários e observações.

Pense a respeito

Pense sobre a adoção de atividades físicas alternativas (o *parkour*, por exemplo) entre jovens em uma comunidade. Considerando que não existem muitos livros sobre o assunto, quais tipos de materiais você utilizaria para investigar melhor a prática na comunidade em questão?

Uma maneira efetiva para a realização desta investigação deve ser feita por meio da observação participante, aquela em que o observador está imerso e "próximo" ao objeto analisado.

Pensadas as relações do pesquisador com seu objeto, bem como as diferentes formas como esse profissional pode recrutar dados e informações acerca de seu tema de pesquisa, a preocupação seguinte recai sobre a explicação da realidade com base nesses dados. Não por acaso, nas ciências humanas e sociais há uma preocupação necessária com a explicação. Ademais, a atividade explicativa nas áreas do conhecimento das humanidades pode ocorrer com base em duas estratégias complementares: a **compreensão** e a **interpretação** (Souza, 2014). Na primeira, o pesquisador, de certa forma, é um pouco menos ativo diante dos fatos e prioriza a descrição, ao passo que na segunda já se pressupõe maior autonomia e criatividade teórica por parte do agente de investigação.

Em outras palavras, o que está em jogo é o tratamento teórico que será atribuído ao conjunto de dados referente a determinada realidade, no intuito de explicá-la melhor. Nesse esforço de explicação da realidade, muitas vezes, também é necessário mobilizar diferentes disciplinas das ciências humanas e sociais. Pensemos, por exemplo, nas relações que ocorrem e podem ser proveitosamente reforçadas entre os domínios da sociologia e da história.

De acordo com Norbert Elias (2001), toda sociologia é histórica e toda história é sociológica. Para compreender melhor essa afirmação, considere as palavras que começam com letra maiúscula como as áreas do conhecimento. Segundo esse sociólogo, a pesquisa de caráter sociológico precisa ser desenvolvida com base em materiais empíricos (dados e informações sobre o mundo). Sem esse trabalho empírico, a sociologia não pode estabelecer correspondências mais precisas com a realidade social.

Por sua vez, a escrita da história – para não se resumir a fornecer ou reforçar uma visão ideológica de quem a escreve, ou uma opinião sobre a autenticidade das fontes – deveria se valer dos referenciais teóricos estruturados e sistematizados no âmbito das ciências sociais. Uma área pode mutuamente iluminar a outra, cabendo ao investigador dar qualidade a essas conexões. Conforme veremos a seguir, o "artesanato intelectual" pode ser um aliado importante nesse exercício.

1.2 O artesanato intelectual

Metaforicamente falando, podemos dizer que fazer pesquisa no âmbito das ciências sociais é como se dedicar à confecção de um artesanato ou, como prefere Ortiz (2002), se envolver em um produtivo exercício de **artesania intelectual**. Nesse processo de produção, o artesão (pesquisador) precisa "costurar" uma série de ideias, informações e dados desconexos para chegar ao seu produto final, que nada mais é que sua pesquisa com uma devida reflexão metodológica e teórica sobre o problema proposto e as condições de realizá-la.

Quando falamos em *artesanato intelectual*, pressupomos um cuidado durante o processo de pesquisa, aproximando a ação do pesquisador ao ofício do artesão. Ao contrário da produção industrial, a artesanal dá maior ênfase e exclusividade à confecção de um produto, resultando geralmente em algo mais original e distinto. É nesse contexto de alta produção numérica presente na sociedade, que também se repete na ciência, que o ofício de pesquisador, em lembrança ao do artesão, pode insurgir como proposta de trabalho.

Nessa lógica, na contramão da ideia de quantidade, devemos considerar a dimensão de qualidade. Assim, quando adotamos essa postura de artesãos em nossos estudos, passamos a ter possibilidade de realizar um trabalho científico mais criativo e original.

Importante!

O *artesanato intelectual* é uma metáfora utilizada para se entender as reflexões e investigações em ciências sociais.

Ademais, quando o pesquisador imprime uma postura de artesão diante de seu objeto investigativo, a relação entre ambos passa a priorizar a qualidade do artesanato, ou seja, da pesquisa. Mills (2009) também aponta que a habilidade, o esforço e as dificuldades do artesão se refletem no produto que este confecciona, o que é instrutivo para pensar a construção de pesquisas no âmbito das ciências sociais.

Em relação mais aproximada com o campo de investigação e com o objeto, poderíamos dizer que a vida profissional do artesão não se encontra desligada do lazer, haja vista que seu trabalho lhe proporciona prazer e satisfação. É nesse sentido que o pesquisador deve tentar se relacionar com a sua área de investigação para que o ato de pesquisar não se torne algo monótono ou torturante, ou seja, um fardo ou meramente uma obrigação burocrática.

Ao entender dessa forma a **atividade científica**, o pesquisador busca gradativamente aprimorar suas habilidades e seus conhecimentos em torno de sua prática, a fim de possibilitar criações cada vez mais inovadoras. Em outras palavras, o artesão está sempre aprimorando suas habilidades com a premissa de se aperfeiçoar a cada projeto. Assim também deve ser o pesquisador em seu cotidiano acadêmico: ter a **avidez de um artesão** e a **cautela de um cientista**.

Não obstante, cabe ainda ao pesquisador ter conhecimentos das técnicas e dos métodos que regulam e balizam a construção da pesquisa sociológica. Em geral, além de adotar a conduta de um artesão, é necessário o pesquisador ter domínio dos encaminhamentos teórico-metodológicos selecionados para orientar o processo de confecção do artesanato/pesquisa, assim como o artesão, grosso modo, tem a habilidade de escolher com que agulha e linha costurar ou com que tecido trabalhar.

Figura 1.1 O fazer sociológico

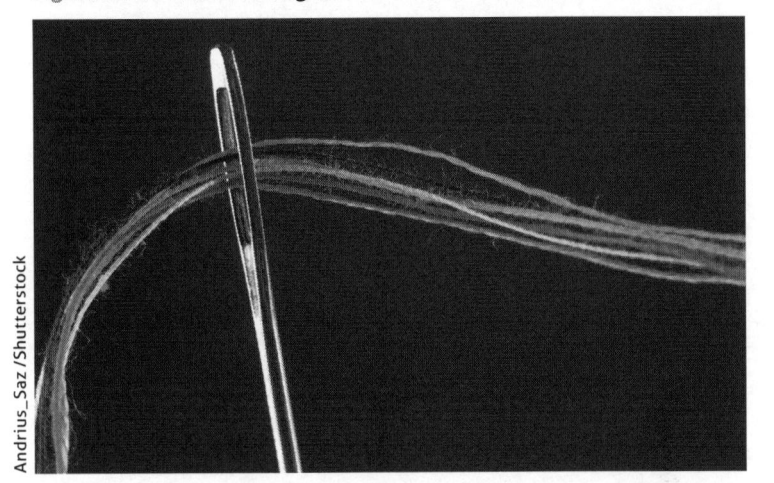

Andrius_Saz /Shutterstock

Uma questão que comumente ocorre ao se contemplar um artesanato em uma exposição popular é a seguinte: "Essa obra é feia ou bonita?". O que destacamos como relevante nessa pergunta aparentemente simplória é o fato de ela não apresentar como resposta uma verdade absoluta, e sim níveis de interpretação que sugerem determinadas escolhas, apreciações e predileções. Ser feio ou bonito dependerá de quem vê, como vê, por que vê e, fundamentalmente, a partir de quais referências vê.

Nesse contexto, cabe analisar o processo de construção desse artesanato até o produto final, ou seja, a capacidade de lapidação da matéria bruta somada à qualificação das escolhas das ferramentas pelo artesão, assim como sua habilidade e seu conhecimento no manuseio de ambos (processo de construção e capacidade de lapidação), tarefa que efetivamente dará o brilhantismo e o sabor de uma peça artesanal.

Na sociologia e, por extensão, na própria sociologia do esporte, tais saberes e encaminhamentos já estão postos e foram devidamente enfrentados, bastando apenas conhecê-los e aplicá-los, o que facilita a produção do artesanato intelectual. Dessa forma, conhecer tais encaminhamentos que estão associados ao tratamento dos objetos parece um bom começo para quem pretende confeccionar seu artesanato intelectual na educação física com ênfase na produção de conhecimento das ciências sociais.

Pense a respeito

O que levamos em consideração quando pensamos em um artesanato que consideramos bem-feito? A qualidade do material? A técnica utilizada pelo artesão? Se as ferramentas foram adequadas? Se o trabalho foi feito com cuidado? Ou o conjunto de todas essas questões? Com base nisso, podemos pensar também no trabalho acadêmico.

Nesse contexto, da mesma forma que o artesão está atento às tendências e técnicas que operacionalizam seu trabalho, o pesquisador deve estar munido dos subsídios metodológicos que perpassam o fazer (*modus operandi*) sociológico. Assim, estar em constante contato com a literatura acerca do objeto que se pesquisa pode dar direcionamentos para os caminhos que devemos seguir ou as direções que devemos evitar. Por isso, escolher bons artesãos (pesquisadores) como referência também é um aspecto fundante na construção do artesanato intelectual (pesquisa), o qual discutiremos mais detalhadamente na Seção 1.4, que apresenta um passo a passo do exercício de artesania intelectual.

Outra característica importante do artesanato intelectual em sociologia é o reconhecimento histórico dos objetos. Ao se tomar conhecimento da necessidade de historicizar o objeto de pesquisa, em menção ao ofício de artesão, é possível desenvolver uma habilidade para costurar informações de modo a tecer a linha cronológica dos fatos e acontecimentos sociais que perpassam o objeto até chegar à lapidação do produto final (pesquisa).

Posto isso, o pesquisador tem a tarefa de recombinar passado e presente em sua investigação sociológica, sabendo costurar as informações de um ponto ao outro. Nesse processo podemos evidenciar o que entendemos por **contextualização do objeto de estudo**.

Para Mills (2009), um dos passos fundamentais para se desenvolver um estudo que mobilize relacionalmente sociologia e história consiste na localização da sociedade, objeto em termos de longo prazo, para, na sequência, compará-la às estruturas mais recentes, permitindo, assim, a elaboração de um quadro analítico inteligível para o objeto de estudo.

Preste atenção!

Temos um campo de estudo inteligível quando observamos nosso objeto de estudo em sua realidade temporal e espacial, mas sem esquecer que sua especificidade está contida em uma realidade mais ampla.

Além disso, o artesão dos mais diferentes objetos sociológicos deve saber costurar outros elementos referentes ao método, tais como as relações entre contextos, entre "micro e macro-história, local e global, referências de curto prazo e de longo prazo, sociedades próximas e distantes no tempo e espaço" (Souza; Marchi Júnior, 2013, p. 401). Eis então algumas das questões que o pesquisador deve levar em conta em seu ofício. A consideração dessas dinâmicas artesanais aponta para um perfil de investigador desejável no universo da sociologia do esporte.

> **⁞⁞⁞ Importante!**
>
> Na metáfora do artesanato intelectual, podemos considerar um objeto de pesquisa como uma pedra bruta que precisa ser lapidada pelo artesão (pesquisador) com ferramentas específicas para lapidação de pedras (ferramentas teóricas e metodológicas) com o objetivo de se criar um produto final inédito e exclusivo (pesquisa).

1.3 Perfil do profissional de educação física investigador em ciências sociais

De acordo com Bourdieu (2011), para mudar o mundo social é preciso primeiro mudar as formas de se encarar esse mesmo mundo. Isso exige um grau de realismo do pesquisador diante da realidade investigada ao mesmo tempo que aponta para uma possibilidade de engajamento político produzido *a posteriori* em sua pesquisa. Esse posicionamento tem valor instrutivo para pensar a atividade profissional dos agentes que figuram o campo da educação física e, sobretudo, a área da sociologia do esporte. Em linhas gerais, a concordância entre essas duas dimensões do campo, a do profissional aplicado e a do cientista, parece denotar algumas similaridades, em especial no que tange à ética, à responsabilidade, ao comprometimento, ao conhecimento, entre outros elementos que são essenciais aos perfis tanto do profissional da educação física quanto do pesquisador em sociologia do esporte.

Ser um bom pesquisador/cientista/profissional, independentemente de qualquer área do conhecimento, pressupõe, entre outras coisas, incorporar uma série de condutas e medidas que evidenciem qualidade e precisão naquilo que se propõe fazer. Posto isso, ainda que tais virtudes sejam esperadas do profissional ou pesquisador, vale ressaltar que dentro de cada região do campo, especialmente no âmbito da educação física, existem métodos e técnicas, muitas vezes específicos e conflitantes, que correspondem à lógica de intervenção e de atuação da área.

Dessa forma, reconhecer essas peculiaridades permite ampliar a identidade de protagonista científico e reflexivo dos profissionais da área para além daqueles conhecimentos que, de longa data, informam, mas que não são únicos.

> Fazer pesquisa em sociologia, especialmente em sociologia do esporte – área em que os componentes passionais e emocionais dos agentes de investigação são ativados de forma curiosa, sutil e, muitas vezes, envolvente –, trata-se de um jogo que demanda compromisso, seriedade e reflexão; um jogo que exige dos pesquisadores rigoroso e profundo conhecimento das regras e técnicas próprias ao método sociológico como diria Durkheim; um jogo em que as "grandes jogadas e ideias" surgem exatamente nos momentos inusitados, mas que jamais seriam possíveis se antes o pesquisador não houvesse dedicado boa parte de seu tempo ao árduo treinamento sociológico, conforme explica Weber; um jogo em que o "envolvimento distanciado", definido em Elias, pode conferir uma leitura e compreensão mais adequada das "estratégias" tecidas nas teias de interdependência; enfim, um jogo no qual a busca pela "imaginação sociológica", no sentido atribuído por Mills, pode respaldar a construção de inúmeras hipóteses bem como ampliar as frentes de análise referentes ao universo empírico. (Souza, 2010, p. 12)

Desse modo, quando o pesquisador tem a vivência daquilo que investiga e procura associar a essa experiência o *modus operandi* das ciências sociais, a leitura dos objetos atrelados ao campo esportivo tende a se tornar mais nítida do ponto de vista sociológico.

Isso considerado, chegamos a mais um aspecto importante relacionado aos perfis do pesquisador em sociologia do esporte e também do profissional de educação física, em particular ao reconhecermos que conhecimentos isolados nunca são suficientes para confeccionarmos um artesanato de maior qualidade, ou seja, uma investigação mais apurada do objeto que se investiga. Isso persiste, inclusive, em razão de uma característica da fundação da sociologia do esporte: a valorização da necessidade de se agregar outras áreas do conhecimento para uma leitura mais ampla do esporte (ver Capítulo 2).

Importante!

O pesquisador em sociologia do esporte precisa entender a lógica da modalidade ou da prática investigada. Com base nesse entendimento, a análise passa a ser mais espontânea e fluida. Entretanto, a sensibilidade do profissional só será otimizada quando ele dominar as técnicas e os métodos da sociologia, passando a ter uma nova forma de ver e tratar suas análises sobre o mundo.

Colocado de modo prático, todos os profissionais que queiram estudar esse fenômeno em suas mais amplas manifestações socioculturais não só podem como devem se dedicar a essa gama de conhecimentos para contribuir com uma discussão teórica cada vez mais abrangente acerca desse objeto.

Nesse sentido, um dos principais desafios para quem investiga esporte sob a perspectiva sociológica é superar as tendências de especialização acadêmica apenas para ampliar as chances de reconhecimento do trabalho como algo de impacto perante a comunidade científica, tendo em vista que ele também deve ser relevante para a sociedade. Trata-se de primarmos pelo conceito da totalidade, principalmente na perspectiva de superação de uma possível fragmentação desconectada que estudos dessa ordem podem gerar.

> **Importante!**
>
> Ao estudar a sociologia do esporte, precisamos nos apropriar das demais áreas do conhecimento para não realizarmos leituras fragmentadas da realidade social.

Para um pesquisador que projeta maior reflexividade em suas análises, é de valor singular considerar essa formação ampliada, uma vez que fazer ciência não ocorre apenas no momento propriamente dito de se pesquisar ou comunicar descobertas em eventos e revistas especializadas. Por isso, o pesquisador deve estar atento ao modo como suas ideias podem circular no campo acadêmico e, quem sabe, no âmbito público.

Em outras palavras, o papel do pesquisador em sociologia do esporte deve transcender a ideia da mera publicação científica, devendo este se preocupar antes em qualificar sua leitura da realidade para, posteriormente, poder propor intervenções sobre ela. É necessário, além disso, que ele apresente contribuições analíticas que possam trazer respostas aos pares do campo, mas que também agreguem conhecimentos à comunidade em geral, que, por sua vez, é composta por pessoas cada vez mais reflexivas e autorais, que anseiam por informações sobre o que fazem e por que fazem.

Segundo Bernard Lahire (2010), sociólogo francês, os pesquisadores que trabalham com realidades esportivas devem ter como ambição se tornarem sociólogos generalistas, não para mera flutuação em diversas áreas, mas sim para aplicação de vários conhecimentos em concordância com a sociologia, a fim de se tornarem agentes mais inventivos teoricamente e inovadores metodologicamente. Pelo menos é o que se espera tanto do pesquisador em sociologia do esporte quanto do próprio profissional de educação física, em uma lógica de formação acadêmica que preza pela autonomia, criatividade, inovação e construção de uma conduta de trabalho amparada em um leque de conhecimentos bastante expressivo.

Visto dessa forma, para que os pesquisadores em sociologia do esporte tenham um amplo conhecimento e construam problemas de pesquisa originais, faz-se necessário estar em constante leitura não só das teorias que fundamentam a análise de seus objetos, mas também do movimento teórico de seus pares nas mais diversas plataformas de divulgação científica, seja em artigos e livros, seja em eventos científicos.

Dito de outra forma, o profissional precisa estar a par do que vem sendo socializado na literatura para aumentar seus conhecimentos, bem como para não reproduzir aquilo que já vem sendo naturalizado no campo acadêmico. Em suma, o que está em jogo é uma atitude ativa de competência, qualificação e reconhecimento por parte do profissional de educação física em relação àquela produção científica na área que representa avanços, inovações e dificuldades.

Por fim, outro aspecto primordial para quem faz pesquisa em sociologia do esporte é o cuidado com o senso comum que se faz presente nos múltiplos cenários em que o esporte se materializa na vida moderna. Dessa forma, afastar-se de ideologias, crenças e fantasias referentes ao objeto permite uma construção mais fidedigna da análise dos processos esportivos. Posto de forma ilustrativa, não podemos simplesmente aceitar sem um questionamento mais rigoroso ideias do tipo "Brasil, o país do futebol", "Fazemos uso do jeitinho brasileiro", "Somos a pátria das chuteiras", entre outras.

Precisamos, para além do uso naturalizado dessas ideias, constatar com fatos e analisar, por meio de fortes evidências, se essas afirmações correspondem ou não à realidade. Em síntese, os pesquisadores da área são uma espécie de "caçadores de mitos", para empregar uma expressão de Norbert Elias (2011a). Desconstruir o poder dos mitos, no entanto, não significa desconsiderar o conhecimento das pessoas comuns, conforme demonstraremos a seguir.

> **Pense a respeito**
>
> Tendo em vista o conhecimento adquirido até agora neste livro e em outras leituras, que outros "mitos" na área do esporte você consegue identificar?

1.4 O fazer sociológico: um passo a passo para a confecção do artesanato

Conforme já discutido, desenvolver pesquisa em ciências sociais é como se lançar à elaboração de um artesanato. Para isso, é preciso costurar as informações na construção da pesquisa, respeitando as etapas do processo de produção. Em primeira instância, é necessário conhecer as temáticas e selecionar aquela que representa um foco possível de investigação. Tendo conhecimento do assunto que será investigado, cabe ainda adotar um perfil reflexivo de pesquisador, o qual já foi apresentado no tópico anterior. Internalizadas essas informações, o desafio que se impõe na sequência é adotar um passo a passo para a investigação em sociologia do esporte.

O ponto de partida para a confecção de uma pesquisa na referida área de estudo reside especialmente na escolha do tema/objeto. Em geral, para quem almeja fazer investigações sob a perspectiva sociológica, aconselha-se escolher algum tema com o qual já se tenha alguma familiaridade.

Essa condição de aproximação com o assunto que se pretende investigar pode facilitar o processo de produção artesanal, haja vista que o pesquisador já tem um conhecimento prévio sobre aquilo que se habilita a estudar. Todavia, o que ele sabe sobre o assunto pode estar carregado de senso comum (crenças, mitos, fantasias) e de informações que não devem permear a pesquisa sociológica. Nesse sentido, cabe um afastamento daquilo que não é científico para uma compreensão mais realista do objeto de estudo.

Pense a respeito

A partir da sua experiência com práticas e modalidades esportivas, pense em um tema que poderia ser objeto de pesquisa sociológica. Qual é a resposta dada pelo senso comum a esse tema? Você concorda com ela? Se sim, comece também a considerar respostas alternativas a esse problema.

O estudo sociológico dos significados e das funções sociais imputadas ao esporte em sua história moderna prescreve uma tentativa de ruptura com toda sorte de crenças e ideias míticas veiculadas sobre essa prática no universo social mais amplo e no próprio campo científico – o qual, por sinal, deveria ter por esforço justamente desmitificar esse conjunto de crenças não correspondentes à realidade dos fatos observáveis. Em síntese, um bom investigador consegue desvincular seu empreendimento do senso comum que, muitas vezes, informa as ações de pesquisa dos pares e o próprio agir sobre o objeto empírico delimitado.

Apesar da necessidade de não deixar o senso comum intervir na elaboração e no desenvolvimento de sua pesquisa, o investigador em sociologia do esporte não pode simplesmente ignorá-lo. De acordo com Bourdieu (2009), o senso comum é, geralmente, uma realidade incorporada como esquema de apreciação e avaliação de determinada questão. Nesse contexto, cabe ao sociólogo problematizar essas construções e desnaturalizá-las.

Em outras palavras, a pesquisa em sociologia do esporte não pode simplesmente abandonar o **senso comum** ou, melhor dizendo, o conhecimento das pessoas comuns, devendo, em vez disso, identificá-lo, problematizá-lo e ultrapassá-lo mediante o instrumento da vigilância epistemológica e o controle rigoroso por parte do pesquisador acerca das informações disponíveis e dos dados possíveis. Ademais, temos encontrado certo desprezo de alguns em relação a manifestações do senso comum. Em nosso caso, o sentido é outro, uma vez que ele passa a assumir um papel de inspirador na definição e na problematização do **objeto social** conhecido como **esporte**.

Importante!

O senso comum pode funcionar como um ponto de partida para uma pesquisa sociológica. Entretanto, ele não pode ser a base para a explicação das problemáticas sociais.

Tomadas tais precauções, o exercício de artesania intelectual segue na direção de confrontar o tema/objeto de pesquisa com a literatura disponível no campo no qual ele se insere. Colocado de outra forma, após a escolha do tema, da construção de uma problematização e do reconhecimento das categorias de análise sociológica pertinentes ao trabalho intelectual, o pesquisador deve acessar a literatura da área para identificar o que vem sendo produzido a fim de encontrar aquilo que ainda não foi contemplado e/ou a base da produção acerca do objeto definido.

Vale a ressalva de que um *insight* para a elaboração de um problema de pesquisa pode vir tanto do mapeamento da literatura quanto do próprio cotidiano do pesquisador ou do contexto social no qual ele se insere. Ainda assim, em todos os casos, o pesquisador deve atentar para o que vem sendo publicado pelos demais pesquisadores, até mesmo para identificar a forma com que objetos similares de investigação têm sido analisados.

Nesse contexto, o próximo passo é mobilizar um bom aporte teórico e as categorias analíticas associadas (ver capítulos 4 e 5) para conduzir as interpretações das informações levantadas sobre o objeto. Geralmente, em sociologia do esporte, os sociólogos e demais pesquisadores optam por teorias gerais da sociedade que permitem também explicar os problemas de ordem esportiva. Todavia, uma teoria às vezes deixa de atender a determinado objeto/problematização ou apresenta limitações para sua leitura. Quando isso ocorre, cabe também chamar outros teóricos para o diálogo, tomando, no entanto, a devida cautela para não praticar ecletismo na discussão do assunto.

Preste atenção!

Ecletismo: combinação de diferentes teorias que, por vezes, pode agregar um conjunto de referenciais que são incompatíveis entre si.

Eleito o referencial teórico de suporte que dará o tom da pesquisa em termos de encaminhamentos teórico-metodológicos, é necessário ter domínio das teorias e das categorias sociológicas (abordadas nos Capítulos 4 e 5) que a fundamentam para uma análise mais sofisticada do objeto investigado. Quanto mais conhecimento e domínio da(s) teoria(s) o pesquisador possuir, melhor será a interpretação do problema, visto que muitas das insuficiências encontradas em trabalhos científicos no campo da sociologia do esporte ocorrem em virtude de apropriações teóricas inconsistentes.

Importante!

O esforço de apropriação de modelos interpretativos (teorias) não deve se reduzir somente a uma mera aplicabilidade mecânica para interpretação da realidade social. Em vez disso, é necessário primeiro se apropriar com rigor dessas teorias para, posteriormente, fazer uso criativo das categorias de análise sociológica de acordo com as particularidades históricas e sociais do contexto que o pesquisador pretende estudar, assim como do objeto de investigação delimitado e, acima de tudo, da problemática de pesquisa apresentada.

Ressaltamos que determinados objetos de pesquisa, independentemente do contexto social a que dizem respeito, podem ser estudados de forma mais tradicional, com base em teorias gerais da sociedade que são modelos totalizantes, passíveis de maior generalização e com validade universal, conforme apresentaremos no Capítulo 3.

Em contrapartida, alguns objetos de pesquisa necessitam de uma mobilização criativa dos diferentes referenciais e categorias de análise sociológica. Muitas vezes, o pesquisador precisa reinventar ou descobrir novos usos para os referenciais teóricos e as categorias de análise sociológica, além de estabelecer relações possíveis entre teorias e categorias analíticas a fim de melhor dimensionar e construir seu artesanato intelectual.

Em relação aos trabalhos mais recentes da sociologia do esporte no Brasil, é necessário notar que alguns pesquisadores, como Myskiw, Mariante Neto e Stigger (2015) e Souza e Marchi Júnior (2017), têm atentado para essas orientações teóricas, principalmente por perceberem que o esporte na sociedade contemporânea é um fenômeno notavelmente polissêmico, isto é, que apresenta múltiplas manifestações e formas, o que demanda leituras cada vez mais abrangentes e endossadas por diversas teorias (conforme elucidaremos no Capítulo 3). Além disso, eles recorrem a uma gama de instrumentos teórico-metodológicos necessária para uma devida apreensão dos processos que se protagonizam no interior desse universo social.

Como síntese do que foi exposto, defendemos que a opção pelas teorias e a apropriação delas corresponde a um dos passos fundamentais para a produção de trabalhos científicos em sociologia do esporte. Para ilustrar a sequência de ações do fazer sociológico, apresentamos a Figura 1.2.

Figura 1.2 Passo a passo para a produção de trabalhos em sociologia do esporte

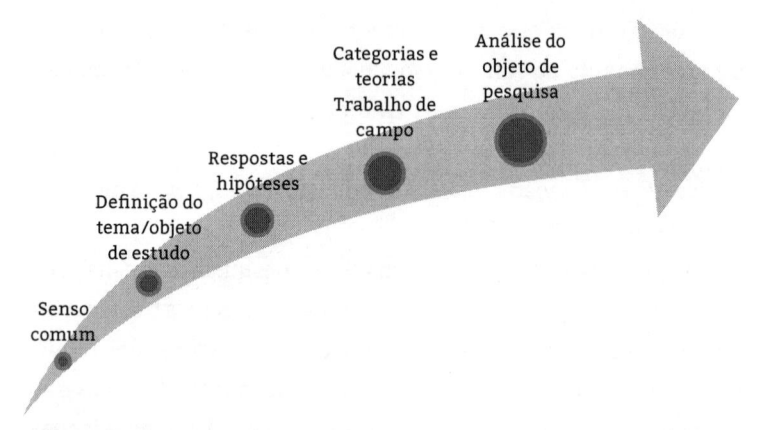

(Senso comum → Definição do tema/objeto de estudo → Respostas e hipóteses → Categorias e teorias / Trabalho de campo → Análise do objeto de pesquisa)

A Figura 1.2 pode ser descrita da seguinte forma: depois de definido um tema/objeto de pesquisa (o qual, muitas vezes, parte da própria imersão do pesquisador na realidade social e de sua curiosidade sociológica acerca de determinadas temáticas em evidência no universo esportivo), o passo seguinte é realizar uma série de perguntas ao seu objeto de estudo (girá-lo pelos mais diferentes ângulos possíveis) até se chegar a uma pergunta-chave que seja motivo de investigação sociológica. Nesse caso, problemas sociais são importantes pontos de partida para a elaboração de pesquisa, embora precisem ser constituídos como problemas sociológicos. Tendo um problema de pesquisa, constituem-se, em seguida, hipóteses de trabalho (respostas provisórias) que, como de certo modo já antecipamos, serão testadas, confirmadas ou refutadas a partir da articulação entre **material empírico** (matéria-prima do artesanato intelectual advinda do trabalho de campo) e **teorias e categorias sociológicas** (ferramentas para construção do artesanato).

A título de fechamento do capítulo, dedicaremos a próxima seção ao esclarecimento da importância do exercício de formulação de perguntas – as denominadas *questões sociológicas* – para os objetos de pesquisa em sociologia do esporte. Para isso, ressaltaremos a necessidade de se construir perguntas consistentes ou, como identificamos metodologicamente, as "boas perguntas", que nos remetem a bons trabalhos.

1.5 Questões sociológicas

Como mencionamos anteriormente, a pesquisa sociológica apresenta uma série de etapas e condutas que visam, sobretudo, imprimir maior rigorosidade à produção científica. Nesse sentido, reconhecer os encaminhamentos necessários ao trabalho de artesania intelectual é a chave para o bom andamento de uma pesquisa. Contudo, durante esse processo há elementos que requerem maior atenção e criatividade por parte do pesquisador, como é caso da **elaboração de questões norteadoras**, as quais possibilitam a seleção de um problema que operacionalizará toda a construção do trabalho.

Em outras palavras, elaborar questões interessantes parte da sensibilidade – muitas vezes histórica – e do núcleo de questionamentos da realidade social que o pesquisador desenvolve diante de seu objeto de pesquisa. Esse é o comportamento que pretendemos incentivar no profissional de educação física. Não por acaso, aproximar-se do objeto, ter domínio dos referenciais teóricos, ter conhecimento da literatura (inclusive de suas limitações) e, principalmente, ter criatividade são condições importantes que auxiliam na construção da pergunta-problema que orientará e justificará a produção de uma pesquisa e um estudo.

Quando falamos de criatividade ou inventividade, não estamos nos referindo à necessidade de recorrer a elementos misteriosos ou mágicos para formular a pergunta que ensejamos responder, mas enfatizando justamente que perguntas bem elaboradas podem chamar a atenção e convidar o leitor, em seus diferentes níveis, a apreciar o conteúdo desenvolvido no corpo do trabalho e, assim, contribuir com a discussão e a construção do conhecimento de forma efetiva. Para confirmar essa argumentação, podemos revisitar alguns estudos pioneiros em sociologia do esporte – a exemplo dos trabalhos de Norbert Elias e Eric Dunning (1992), conforme elucidaremos no Capítulo 3 – que trouxeram problemas de pesquisa que nos instigam até hoje pela originalidade, sofisticação e exposição das ideias. Essa conjuntura, afirmamos, é favorável para a sociologia do esporte.

Por outro lado, questões mal elaboradas, desinteressantes e já obsoletas na literatura podem levar a comunidade científica e leitores em geral a não darem o devido valor às pesquisas em sociologia do esporte ou até mesmo a duvidarem de que se trata de uma ciência pautada na lógica do avanço do conhecimento.

Questões investigativas mal formuladas evidenciam um problema que, na verdade, é de concepção da própria pesquisa. Isso, entretanto, não ocorre por incapacidade do pesquisador ou falta de ideias. Por vezes, o pesquisador tem ideias originais em relação ao seu objeto, mas não consegue articulá-las da melhor maneira para que surja uma questão-problema bem estruturada a ser investigada. Geralmente isso acontece porque o profissional em questão conhece pouco o universo em que seu objeto se circunscreve ou não tem leituras mais aprofundadas e suficientes sobre o assunto que quer estudar.

Importante!

A formulação da questão de pesquisa é um passo fundamental para a relevância da investigação.

Em suma, a importância, em um primeiro momento, de questões norteadoras serem multiplicadas sobre objetos de pesquisa pode ajudar a se chegar a uma questão-chave bem articulada. Por mais imperfeitas ou absurdas que pareçam à primeira vista, essas múltiplas perguntas que o investigador realiza para seu objeto podem lhe fazer avançar rumo à construção de uma questão original, independentemente de seu objeto já ter sido ou não investigado no campo acadêmico.

Uma vez que podemos tratar de questões referentes ao futebol, ao voleibol, ao xadrez, às lutas, aos esportes de aventura, ao financiamento esportivo, aos megaeventos, às políticas públicas do esporte, enfim, às mais diversificadas temáticas sociais, sempre há novas perguntas a serem feitas para os objetos de pesquisa. Para isso, é importante também ter conhecimento dos demais trabalhos já desenvolvidos sobre a temática a ser submetida à apreciação sociológica, a fim de identificar lacunas e não elaborar perguntas que já estão devidamente respondidas.

Nesse contexto de preocupações metodológicas que estamos expondo, nem sempre a pergunta é estabelecida em um primeiro momento, pois a construção dela requer um sistema de lapidação que pouco a pouco vai clarificando a pergunta-chave. Por isso defendemos que, para o pesquisador chegar à questão principal de seu estudo, é necessário antes "girar o objeto" nos mais diferentes ângulos para que se possa pensar a problematização sob diversas perspectivas e, assim, determinar qual delas se constitui no caminho mais promissor. Quando não adotamos essa postura diante da elaboração das questões sociológicas, perdemos em "imaginação", e aquilo que poderia ser o diferencial de nossos estudos permanece omitido em razão da não exploração das possibilidades que circunscrevem o objeto. A esse processo metodológico de construção de questões preliminares ao objeto de estudo Mills (2009) chama de *imaginação sociológica*.

Preste atenção!

Imaginação sociológica: levantamento de um grande número de questionamentos ao objeto de pesquisa sociológico, especialmente com base na vivência do próprio pesquisador em relação a seu objeto. Trata-se de um processo que deve ser constantemente estimulado nos alunos e professores de educação física em um sentido amplo.

Por conseguinte, esse exercício de "girar o objeto" serve também para o uso das teorias e categorias sociológicas, conforme discutiremos nos capítulos seguintes. "Girar o objeto" por diferentes ângulos teóricos também pode ser útil na elaboração de questões investigativas para além de filiações preestabelecidas a determinados referenciais teóricos.

Em outros termos, muitas das questões que direcionamos aos objetos de estudo partem da filiação consciente ou inconsciente a determinadas teorias sociais já devidamente rotinizadas na sociedade, razão pela qual entendemos ser um exercício reflexivo profícuo elaborar perguntas teóricas diferentes para o objeto escolhido, de modo a se perceber quais delas são as mais adequadas e promissoras de serem assumidas no decorrer do trabalho.

Figura 1.3 Girar o objeto

cunaplus/Shutterstock

    Soma-se a essas preocupações apontadas a necessidade também de sistematizar uma pergunta-problema que permita gerar hipóteses de trabalho passíveis de serem testadas (aceitas ou refutadas). Essas hipóteses, por conseguinte, nada mais são que respostas provisórias que o pesquisador constrói para a sua pergunta. Após tratamento teórico e análise dos dados, o investigador tem condições de afirmar se sua(s) hipótese(s) é(são) comprovada(s) ou não.

    Nesse sentido, a elaboração de questões investigativas já chama por respostas provisórias. Além disso, é com base no exercício de "imaginação sociológica", conforme sinalizado anteriormente, que tanto perguntas quanto respostas podem ser desenvolvidas de forma criativa e original, sempre devendo haver o cuidado de não se "encantar" demais com os discursos de aderência social do senso comum. Ainda assim, é possível propor questões cujas respostas já são sabidas por via de nossos sistemas de crenças e/ou predileções teóricas.

    Para finalizarmos esta seção, destacamos que, para um problema de pesquisa em sociologia do esporte se manifestar na forma de uma pergunta-síntese, algumas questões norteadoras preliminares auxiliam na materialização desse propósito. São elas: "Será?", "Por quê?" e "Como?".

Pense a respeito

Recuperando o tema que você considerou na seção anterior e as respostas dadas ao senso comum, quais outras hipóteses você poderia levantar como possíveis respostas a esse problema?

O objetivo principal deste exercício é que você reflita sobre a importância das hipóteses e do distanciamento do saber científico do senso comum. Dessa forma, com base em sua vivência pessoal com a modalidade que busca analisar, é possível buscar na sociologia uma teoria mais apropriada para a compreensão desse fenômeno para além do senso comum douto.

Essas questões nos ajudam a, minimamente, dialogar e organizar uma problematização referente ao nosso objeto de estudo.

O **"Será?"** nos remete a uma postura de dúvida e reflexão diante do observável, ou seja, de questionamento – se é somente isso mesmo que aquela realidade está nos mostrando. O **"Por quê?"** busca evidenciar os motivos de tal realidade, caso em que, invariavelmente, o senso comum nos é inspirador. Por fim, o **"Como?"** nos traz a possibilidade de entender, ou melhor, explicitar preliminarmente os processos pelos quais determinada realidade se constituiu.

Com base nessas três questões temos condições de construir uma problematização referente ao nosso objeto e também estruturar um conjunto de hipóteses a serem testadas.

Ressaltamos, ainda, que as maneiras pelas quais fazemos as perguntas implicam posteriormente nossas possíveis escolhas metodológicas. Nesse caso, ao ambicionar investigar determinado tema ou objeto, é preciso ter cuidado com as escolhas do "instrumental artesanal", ou seja, das categorias e teorias sociológicas. Dito de outra forma, dependendo da problematização construída, teremos de optar pelas teorias sociológicas e categorias analíticas mais pertinentes à pesquisa. Pensando no artesanato "tradicional", teríamos como situação paralela a construção de uma vestimenta. Para tal, o artesão terá que avaliar o tecido que tem em mãos para, posteriormente, definir qual linha e qual agulha são mais adequadas para costurar e finalizar sua obra. Assim também o faz o artesão intelectual.

Enfim, as possibilidades de construção de problematizações sociais no esporte e suas respectivas análises são múltiplas. Contudo, um elemento muito importante é que o pesquisador/professor de educação física esteja devidamente "instrumentalizado" e seja efetivamente reflexivo diante dessas questões.

No próximo capítulo, demonstraremos as principais teorias sociológicas para se estudar o esporte e também algumas categorias para sua análise. Antes disso, entretanto, vamos explicar um pouco melhor o que é o esporte e a sociologia do esporte.

⋮⋮⋮ Síntese

Categoria	Significado	Exemplo
Ciências Sociais	Estudo dos objetos em relação aos indivíduos e à sociedade pelo prisma social.	Nesse campo, podemos destacar a sociologia do esporte, alvo de discussão neste livro.
Objeto	Aquilo que se investiga.	Podemos citar aqui esportes como futebol, xadrez e voleibol.
Artesanato intelectual	É a forma metafórica de expressar o importante processo de produção de uma pesquisa científica.	Por exemplo, ao se analisar a disseminação de um esporte pelo país (capoeira, basquete etc.), o pesquisador precisa realizar um artesanato intelectual, a fim de costurar e tecer da melhor forma as informações.

(continua)

(conclusão)

Categoria	Significado	Exemplo
Perfil do pesquisador	O perfil do pesquisador deve ser próximo ao do ofício de um artesão, que imprime toda a sua dedicação à produção de artesanatos exclusivos e originais. Nessa esteira, a quantidade é substituída pela qualidade.	O pesquisador em sociologia do esporte que adota as mesmas condutas de um artesão e consegue desenvolver um artesanato intelectual (pesquisa) sofisticado.
Senso comum	É o entendimento que cada pessoa tem sobre determinado assunto, dentro dos limites de sua compreensão e reflexão. Nesse sentido, o senso comum pode estar carregado de crenças, mitos e fantasias que, às vezes, não correspondem à realidade dos fatos.	Brasil como país do futebol, pátria das chuteiras e jeitinho brasileiro são alguns exemplos de crenças do senso comum.
Empiria	São as informações observadas ou coletadas no campo de investigação do objeto. Dito de outra forma, é a imersão do pesquisador na realidade social do campo.	Campo dos esportes eletrônicos, dos esportes amadores, dos esportes radicais etc.
Teoria	Referenciais teóricos presentes na literatura científica que auxiliam no processo de artesania intelectual da pesquisa.	Teoria do processo civilizador, teoria reflexiva dos campos, teoria do jogo, entre outras (ver Capítulo 3).
Questões sociológicas	São as perguntas elaboradas para tentar compreender os problemas sociais em relação ao objeto de investigação. Podem ser elaboradas questões prévias, norteadoras, até se chegar à questão-chave do estudo.	Questões relativas aos problemas sociais investigados na esteira da sociologia do esporte e no campo da educação física. Para se fazer boas perguntas, é necessário "girar o objeto" e escolher as teorias que melhor se ajustem à questão sociológica desenvolvida.

ⅠⅠⅠ *Indicação cultural*

O SORRISO de Monalisa. Direção: Mike Newell. EUA: Columbia Pictures Corporation, 2003. 117 min.

Esse filme retrata os enfrentamentos de uma professora com metodologia de ensino alternativa e inovadora em um escola tradicionalista para mulheres. Em um ambiente no qual as mulheres eram, prioritariamente, educadadas para serem boas esposas, a professora Katherine Watson (Julia Roberts), dotada daquilo que Mills (2009) define como *imaginação sociológica*, se lança ao desafio de apresentar outro mundo a essas garotas. Trata-se de uma obra cinematográfica que remete a uma leitura questionadora do mundo social estabelecido e apresenta formas diferentes de se conceber a realidade e dimensioná-la.

■ *Atividades de autoavaliação*

1. Com relação às ciências sociais, assinale a alternativa correta.
   a) Trata-se de uma área de estudo pouco reflexiva, mas que qualifica a leitura da realidade.
   b) O estudo dos objetos é dado pelo exercício de máximo envolvimento com o campo de pesquisa.
   c) A pesquisa na área é caracterizada por um rigoroso processo que requer atenção a uma série de etapas.
   d) A área é permeada por diversas dicotomias e tensionamentos que ajudam na leitura dos objetos.
   e) A vigilância epistemológica não é uma postura adotada nos estudos da área.

2. Quanto ao perfil do pesquisador, analise as assertivas a seguir e marque V para as verdadeiras e F para as falsas.
   ( ) O pesquisador não precisa ter contato com o campo de pesquisa, pois o domínio das técnicas e os encaminhamentos teórico-metodológicos já são suficientes para a leitura do espaço social.

( ) Dito metaforicamente, o pesquisador deve imprimir em sua rotina de pesquisa um fazer científico próximo ao ofício de um artesão, dado que este último não mede esforços para produzir bons artesanatos.

( ) Os conhecimentos mobilizados pelo pesquisador, no prisma das ciências sociais, são suficientes para a leitura global dos objetos.

( ) O pesquisador não deve levar em consideração, em hipótese alguma, as ideias e manifestações provenientes dos senso comum.

( ) O pesquisador deve estar em contato com a literatura acadêmica para reproduzir pesquisas que já foram realizadas.

Agora, assinale a alternativa que apresenta a sequência correta:

a) V, F, V, F, F.
b) V, F, V, V, F.
c) F, V, V, F, F.
d) V, V, F, F, F.
e) F, V, F, F, F.

3. Sobre o processo de artesania intelectual, assinale a alternativa correta.

a) O processo de artesania intelectual visa que o pesquisador produza em maior quantidade.
b) A incursão histórica dos objetos não é relevante para a produção do artesanato.
c) A apropriação teórica é um dos elementos mais importantes no processo de artesania intelectual.
d) Para desenvolver a pesquisa não é necessário ter domínio dos encaminhamentos teórico-metodológicos.
e) No processo de confecção do artesanto científico pelo prisma das ciências sociais não é necessário o conhecimento histórico dos objetos.

4. Marque a alternativa correta referente ao processo de pesquisa em sociologia do esporte:

   a) Um *insight* para a produção de uma pesquisa pode vir da literatura, mas não do conhecimento empírico do pesquisador em relação ao campo onde o objeto está inserido.

   b) Quanto mais qualificada for a apropriação teórica empreendida pelo pesquisador, melhor será a análise dos resultados da pesquisa.

   c) As hipóteses de um problema de pesquisa não podem ser testadas com base no material empírico em sincronia com a análise teórica.

   d) Na sociologia do esporte, os pesquisadores costumam evitar as teorias gerais da sociedade.

   e) O pesquisador pode mobilizar inúmeras teorias para a leitura dos objetos, pois, quanto mais teorias forem envolvidas, melhor será, já que o ecletismo teórico é positivo para a pesquisa.

5. Marque a alternativa correta referente aos encaminhamentos necessários ao trabalho de pesquisa.

   a) A forma com que o problema foi elaborado pode determinar a escolha das teorias, mas não das categorias analíticas a serem utilizadas.

   b) Ter domínio dos referenciais teóricos e da aproximação do objeto de pesquisa prejudica na elaboração da pergunta-problema da pesquisa.

   c) Questões preliminares podem comprometer a elaboração da pergunta central do estudo.

   d) O "ato de girar" o objeto durante a elaboração das perguntas auxilia no processo de escolha dos referenciais teóricos.

   e) A pergunta-problema elaborada pelo pesquisador não deve apresentar hipóteses preliminares a serem testadas e confrontadas.

■ *Atividades de aprendizagem*

Questões para reflexão

1. De maneira sucinta, liste os principais passos envolvidos no processo de artesania intelectual.

2. Por que o senso comum pode ser prejudicial a uma pesquisa? Tente indicar situações do senso comum que permeiam o esporte e, na sequência, descreva as que considerar mais oportunas.

Atividade aplicada: prática

1. Com base no que foi discutido no capítulo, pense em um objeto/tema dentro da sociologia do esporte ou da educação física e, posteriormente, elabore um problema de pesquisa. Lembre-se de que, para formular uma questão-chave, às vezes é necessário pensar em perguntas preliminares.

Capítulo 2

Contextualizando a sociologia do esporte

O **universo** acadêmico-científico da sociologia do esporte, entre outros espaços sociais, é formado por uma rede de tensões e de solidariedade constituída ao longo de sua história, tendo se estruturado, portanto, como um campo com leis específicas e disputas por poder. Ademais, esse espaço é formado pela interdisciplinaridade e pela transdisciplinaredade, uma vez que, em seu interior, concorrem e cooperam pesquisadores de diversas áreas do conhecimento. Por meio de suas agendas investigativas e convicções teóricas, esses pesquisadores alimentam conflitos referentes à própria definição do que vem a ser compreendido como sociologia do esporte (Souza; Starepravo; Marchi Júnior, 2014).

Tendo em vista esses conflitos entre os pesquisadores e grupos investigativos que fazem da sociologia do esporte um espaço próprio de pesquisa, é preciso considerar que todos eles, independentemente dos referenciais teóricos que adotam, estão comprometidos a explicar alguns aspectos constitutivos do esporte que não se conheciam antes ou que se conheciam apenas de uma forma muito superficial (Elias; Dunning, 1992).

Nesse sentido, nosso desafio é atribuir maior segurança ao saber e nunca perder de vista que a compreensão do esporte contribui para o conhecimento da sociedade (Elias; Dunning, 1992).

Assim sendo, neste capítulo pretendemos examinar essas questões a fim de discutir do ponto de vista conceitual e histórico sobre o que é ou o que, efetivamente, se entende por esporte. Feita essa delimitação, na sequência abordaremos o desenvolvimento da sociologia do esporte no Brasil, bem como as velhas e novas tensões que permeiam essa área. Por fim, apresentaremos um modelo analítico de tratamento do fenômeno esportivo contemporâneo.

2.1 O conceito de esporte

Não parece novidade expor que vários autores e campos do conhecimento pretenderam conceituar esporte ao longo do tempo. Nesta seção, vamos revisitar brevemente algumas dessas iniciativas, especialmente aquelas que têm sido centrais em nosso esforço de compreender o fenômeno esportivo, a fim de avançarmos no tratamento de algumas das questões sociológicas que rondam essa prática na contemporaneidade.

Pense a respeito

Antes de apresentarmos o entendimento de diferentes autores sobre o conceito de *esporte*, reflita: Quais elementos você considera essenciais para responder o que é esporte?

A palavra *esporte* tem origem no vocábulo francês *deport*, que etimologicamente significa "prazer", "descanso", "espairecimento" e "recreio". Ao ser incorporado na Inglaterra, o termo sofreu modificações, sendo-lhe atribuído o sentido de "uso atlético submetido às regras", Dessa forma, *deport* foi transformado em inglês em *sport* (Elias; Dunning, 1992; Marchi Júnior, 2004).

Transcendendo, no entanto, esse sentido etimológico e atentando mais para os processos sociais e individuais que conformam a prática esportiva, é importante analisar inicialmente como autores internacionais definiram esse fenômeno e, em seguida, como essa conceituação foi desenvolvida no Brasil.

Preste atenção!

Uma das primeiras tentativas de se definir com mais rigor o que seria o esporte foi iniciada pelo pesquisador Georges Magnane, na França. O autor concebe esse fenômeno como uma **atividade de lazer** que tem como elemento predominante o **esforço físico**. Segundo ele, trata-se de uma prática competitiva, que comporta **regulamentos** e **instituições específicas**, além de ser uma prática suscetível a uma série de transformações profissionais (Magnane, 1964).

No decorrer dos anos de 1960, na tentativa acadêmica de delimitar conceitualmente essa prática, aspectos associados à mercantilização e à profissionalização do fenômeno esportivo já se faziam presentes, antecipando, de certa forma, definições que seriam sistematizadas décadas mais tarde, conforme demonstraremos a seguir.

Outra definição construída para enfatizar elementos de ordem mercadológica para compreensão do esporte é de autoria do sociólogo francês Pierre Bourdieu. Esse autor define o esporte, a exemplo de outras práticas sociais, como um campo no qual os agentes ocupam posições e conservam interesses de diversas ordens (Bourdieu, 1983a, 1990b). O autor enfatiza a dimensão de oferta e demanda em que o esporte está mercadologicamente inserido, sempre ressaltando a centralidade dos atores sociais nesse processo.

Ao fazer uso desse referencial teórico, Marchi Júnior (2004) aponta que, dentro da particularidade de cada campo social, há formas de disputas, lutas e competições entre aqueles que são novos nesse espaço e os que já transitam há mais tempo nessa estrutura. É, inclusive, nessa perspectiva que, segundo o autor, Bourdieu preconiza um modo particularizado de compreender o esporte em sua dimensão moderna. Além disso, os agentes (pessoas), mediante disputas entre si, tentam fazer com que determinadas práticas esportivas se tornem hegemônicas, ou seja, tenham maior importância e preponderância com relação a outras práticas, impondo compreensões sobre a forma legítima de realizá-las e consumi-las (ver Capítulo 3).

Soma-se a essas reflexões o esforço pioneiro dos sociólogos Norbert Elias e Eric Dunning para definir rumos analíticos e investigativos para a sociologia do esporte. Tais autores historicizaram o aparecimento do fenômeno esportivo moderno. Para eles, o esporte seria uma prática da modernidade que teria derivado de jogos tradicionais e rituais bastante violentos. Na transição do século XVIII para o XIX, a Inglaterra teria sido o palco dessas transformações. Passatempos e divertimentos, marcados por violência e derramamento de sangue, eram cercados por regras rígidas que conferiam maior segurança aos praticantes e aos espectadores.

Desse maior controle dos comportamentos sociais de caráter agressivo – mas nem por isso carentes de certo componente de ludicidade – decorre a criação de **instituições regulamentadoras** que estão na origem do **esporte moderno** (Elias; Dunning, 1992).

Depreende-se dessa abordagem uma definição de esporte que complementa a de Pierre Bourdieu, especialmente por chamar a atenção para os elementos emocionais que se somam à estrutura de racionalidade entre os agentes que compõem o campo esportivo moderno. Ao articular Bourdieu com Elias e Dunning, podemos pensar o esporte como uma prática que funciona com base em um sistema mercadológico, pautado no encontro entre oferta e demanda, mas que também é composto por um "descontrole controlado das emoções", em que elementos de ordem emocional e simbólica mobilizam as pessoas para seu consumo. Como consequência, o esporte é exposto e vendido com eficácia e regularidade social (Souza, 2014).

O sociólogo norte-americano Jay Coakley (2009), ao abordar como o esporte é tradicionalmente conceituado, chama a atenção para os elementos motivacionais que compõem seu consumo. Para esse autor, o entendimento mais comum que se tem sobre o esporte é o de uma atividade de competição institucionalizada que envolve competências físicas complexas e na qual os agentes são movidos por recompensas externas e internas. Reabilita-se, dessa forma, nessa conceituação, o papel dos indivíduos diante do fenômeno esportivo, os quais não são meras "marionetes" usadas pelo esporte.

A apropriação dessa interpretação tem sido, segundo Coakley (2009), uma recorrente estratégia no universo esportivo, inclusive para justificar seus usos e pertencimentos.

Direcionando o foco analítico para o cenário brasileiro, notamos que diferentes autores procuraram definir essa prática considerando, além dos elementos institucionais de regulamentação e institucionalização (regras), aqueles aspectos que envolvem os componentes biodinâmicos do movimento humano.

Embora Ronaldo G. Helal (1990) seja um dos autores que conferiu valor às habilidades físicas dos indivíduos na definição de esporte, ao tê-lo feito, acabou excluindo desta determinadas práticas, a exemplo do xadrez, da corrida de cavalos e do automobilismo. De qualquer maneira, sua abordagem é importante, especialmente por não ter negligenciado os aspectos biológicos e motores, os quais, ao lado dos aspectos culturais e sociais, conformam o fenômeno esportivo.

Outra definição de esporte presente na literatura científica brasileira que procura agregar elementos analíticos diferenciados é proposta por Mauro Betti (2002). Para o autor, o esporte é uma atividade institucionalizada que se realiza entre duas ou mais partes envolvidas ou contra a natureza, para assim determinar um vencedor ou registrar um recorde. Nessa linha de pensamento, Betti (2002) incorpora em sua conceituação uma série de práticas corporais que antes não eram entendidas como esporte, mas que, sob a influência dos processos de destradicionalização, globalização e individualização, passaram progressivamente a assumir contornos esportivos que não estavam contemplados nas primeiras tentativas de definição e apreensão do fenômeno.

Importante!

Betti (2002) incorpora à definição de *esporte* práticas não tradicionais, especialmente ao destacar a competição contra a natureza.

Com base nessas definições e procurando sintetizar essas abordagens para elaborar um conceito que satisfizesse as próprias feições que o esporte progressivamente adquiriu na sociedade contemporânea, Marchi Júnior e Afonso (2007) delinearam essa prática como um fenômeno polissêmico (ou seja, com vários sentidos, significados e contextos).

Com base nessa interpretação, o esporte poderia ser entendido, em síntese, como

> um fenômeno processual físico, social, econômico e cultural, construído dinâmica e historicamente, presente na maioria dos povos e culturas

intercontinentais, independentemente da nacionalidade, língua, cor, credo, posição social, gênero ou idade, e que na contemporaneidade tem se popularizado globalmente e redimensionado seu sentido pelas lógicas contextuais dos processos de mercantilização, profissionalização e espetacularização. (Marchi Júnior, 2015, p. 59)

Trata-se, em suma, de uma perspectiva de interpretação que transcende os limites de uma conceituação fechada e que remete ao processo histórico de conformação do fenômeno esportivo, atentando-se para o fato de que o esporte, em vez de uma prática social dada, é um **acontecimento social construído historicamente**.

Preste atenção!

Qualquer perspectiva de definição de esporte que pretenda ser rigorosa e precisa não pode ignorar a historicização e as inter-relações dos diversos elementos que caracterizam o fenômeno na atualidade.

2.2 A construção histórico-social do esporte

A configuração do esporte na sociedade nem sempre foi da mesma forma com que atualmente estamos habituados a ver ou ouvir. Em outras palavras, para que o esporte adquirisse as características e os elementos que o definem na atualidade, foi necessário ao longo do tempo um lento processo de construção histórico-social, que permitiu, inclusive, que o fenômeno fosse difundido universalmente.

Coincidência ou não, um lugar em específico em que se desdobravam eventos importantes para a humanidade também foi palco para o desenvolvimento do esporte moderno, ou melhor, de sua gênese até sua difusão ao redor do mundo. Em linhas gerais, o processo civilizador desse lugar foi responsável por organizar o esporte próximo aos moldes atuais. É nesse sentido que buscamos encaminhar a discussão em torno da construção histórico-social do esporte na sequência.

> **Importante!**
>
> **Processo civilizador:** compreensão de que as sociedades passaram a criar regras explícitas e implícitas para a mudança de comportamentos sociais.

Em primeiro lugar, é importante salientar que nas sociedades passadas, sobretudo até o período da Revolução Industrial (ca. 1760-1840), jogos que se assemelhavam ao que na modernidade entendemos como esporte eram encarados como atividades de passatempo e divertimento, que se colocavam em oposição às rotinas de seriedade. Na verdade, essas práticas ainda não poderiam ser consideradas esportivas, pois não tinham um caráter regrado e eram demasiadamente revestidas de violência física. Com o decorrer do tempo, mediante um processo de esportivização intimamente associado a um processo civilizador mais amplo, essas práticas tradicionais deram espaço ao **esporte moderno** (Elias; Dunning, 1992).

Assim, a partir do século XVIII, em meio ao desenvolvimento da Revolução Industrial, atividades de passatempo foram dando origem a práticas esportivas cada vez mais regulamentadas e, portanto, menos violentas tanto para participantes quanto para espectadores, que passaram a apreciar confrontos cada vez menos brutais. O epicentro desse processo foi a sociedade inglesa em avançado processo de industrialização. Se o processo civilizador explica a pacificação de jogos violentos que deram origem ao fenômeno esportivo, o processo de industrialização ajuda a entender a difusão dos esportes do contexto social inglês para as demais regiões do globo. Resta indagar: Por que então a Inglaterra teve contribuição tão específica e decisiva para esses eventos?

Preste atenção!

De acordo com Norbert Elias (2011b), o esporte moderno emerge sob o pano de fundo do **processo civilizador inglês**, que, no decorrer dos séculos, incutiu várias alterações na estrutura dessa sociedade, sobretudo na esfera comportamental e nas relações sociais dos indivíduos.

Em resumo, com o passar do tempo, as pessoas foram refinando as suas maneiras de agir, de modo que condutas e códigos de comportamento fossem padronizados e institucionalizados no tecido social na forma de autocontrole (Elias, 2011b). Todo esse projeto de civilização tornou os indivíduos mais rigorosos quanto às ações que não eram mais toleradas na sociedade.

Nesse sentido, a violência, que por muito tempo estava imbricada no meio social como uma forma de resolução dos problemas, passou a ser condenada em vários segmentos da vida moderna. Esse incipiente código estabelecido entre os agentes sociais se transferiu para as atividades de passatempo, que, em grande medida, precisaram sofrer alterações para se adequar à nova ordem de convivência social.

Dessa forma, é com base nessa atual configuração de sociedade, mediada por maior autocontrole dos indivíduos, que as práticas, até então não esportivas, ganharam elementos de regulamentação e organização, conferindo assim aspectos de atividades esportivas nos moldes que conhecemos e que, inclusive, continuam em processo de mudança, mas sob outro pano de fundo (a exemplo do processo de globalização, conforme examinaremos nos Capítulos 3 e 4). Todavia, esse processo de "esportivização" não emerge de maneira intencional, de forma que há pessoas e grupos que, em meio as suas relações de interdependência, conduzem esse novo movimento das práticas de lazer e divertimento sem que isso seja resultado de uma série de atos isolados e deliberados.

É nesse sentido que Elias e Dunning (1992) conseguem observar a configuração política da Inglaterra, sobretudo parlamentar, se transferindo para a esfera nascente do esporte. Em tese, a divisão estabelecida no parlamento entre dois grupos foi central para a organização, a pacificação e a regulamentação das disputas no cenário político. Essas situações, em alguma medida, foram transferidas para as atividades de divertimento e passatempo desses grupos.

Preste atenção!

Com menor tolerância à violência, as disputas por meio de agressão física foram sendo substituídas pela arte da argumentação e pela criação de regras. Os grupos que passaram a resolver suas disputas de maneira pacífica e ordeira, sem o uso da violência, transferiram esse mesmo código de comportamento para o esporte moderno.

Por meio desses grupos, nasceram os primeiros clubes e as primeiras associações e federações esportivas, que materializaram a contribuição ímpar da Inglaterra para a gênese do esporte moderno.

Com a prática social sistematizada pioneiramente no contexto social inglês, o passo seguinte (mas também não planejado) foi seu processo de difusão, o qual se beneficiou do fato de essa sociedade ter sido berço da Revolução Industrial e de deter o controle marítimo em escala internacional (Hobsbawm, 2003).

Em outras palavras, para tratar do processo de difusão do esporte para diferentes regiões do globo na transição do século XIX para o XX, inevitavelmente temos que considerar o avanço do empreendimento colonizador inglês (Souza, 2010), representado pela expansão de seus mercados em escala global.

Esse tipo de processo, por conseguinte, refletiu na própria difusão e circulação dos bens culturais e simbólicos, entre os quais estavam inclusos, em grande escala, o **futebol associado**, conforme analisado por Souza (2014), e o esporte em sua nova forma de organização, de maneira mais ampla. É importante destacar que a difusão do fenômeno esportivo da Inglaterra para outros países não implica adoção passiva de um modelo sem que houvesse ressignificações. Esse é um dado importante a se considerar no esforço de se compreender o processo de construção histórico-social do esporte.

Importante!

A disseminação do esporte pelos ingleses ao redor do mundo passou por ressignificações, ou seja, cada sociedade adotou o esporte dando a ele novos e diferentes significados.

Além disso, muitos esportes, como o voleibol e o basquetebol, não surgiram no contexto social inglês, e seu processo de construção histórica não permite que sejam interpretados como jogos esportivizados, mas como práticas sociais inventadas que, evidentemente, emprestaram os códigos do sistema esportivo inglês (Marchi Júnior, 2004).

Ademais, em pleno século XXI, embora já tenhamos o esporte firmado como um ofício rentável, em que é negociado como um produto (mercantilização), com atletas e indústrias altamente profissionais (profissionalização) e consumido na forma de espetáculo (espetacularização) – em um caminho que não parece ter mais volta –, é inviável assumir que a prática já adquiriu seu formato final. Em vez disso, o esporte está sempre em constante processo de revisão e de reconstrução reflexiva, em razão de interesses dos grupos, mas também de necessidades dos atores sociais.

O embate e as alterações das regras em uma série de modalidades ou, ainda, a diferenciação de práticas esportivas a partir de esportes já existentes e consolidados (note a diversificação de modalidades de aventura) são alguns exemplos sobre como esse é um processo que nunca finda e que se torna cada vez mais complexo, incorporando elementos de novidade social que requerem uma devida problematização sociológica.

Até aqui apresentamos alguns delineamentos do desenvolvimento conceitual e histórico do fenômeno esportivo. Nas próximas seções analisaremos os arranjos históricos da constituição dessa disciplina no Brasil e algumas dimensões teóricas mais específicas que podem qualificar e ampliar a leitura desse fenômeno.

Pense a respeito

Quais outras características recentes em modalidades esportivas indicam, no seu ponto de vista, que o esporte está em processo de transformação?

Você pode pensar aqui no caso do jogos eletrônicos, os quais, na atualidade, têm tomado emprestados cada vez mais aspectos das competições esportivas. Em síntese, alguns jogos já são denominados de esportes eletrônicos (*e-sports*). Isto é, toda a atmosfera acerca dessa nova prática do século XXI sugere um processo de esportivização que é fomentado por uma série de fatores, em especial a espetacularização e a mercantilização da atividade em questão.

2.3 A sociologia do esporte no Brasil

Assim como o desenvolvimento histórico do esporte na sociedade brasileira tem relação direta com a constituição desse fenômeno nas sociedades europeia e americana, a produção de conhecimento em torno das práticas esportivas, desde o ângulo das ciências naturais até o das ciências sociais, também o tem. É verdade que essa incursão não tem sido tratada como mera reprodução de métodos investigativos e analíticos com base em experiências científicas do capitalismo central. Ela também deriva da construção de interpretações e modelos teóricos que visam satisfazer as especificidades de uma formação social como a brasileira, a qual, embora periférica, ainda assim é interconectada às demais partes do globo e atende, portanto, a demandas que são regulares e universais.

Existem várias possibilidades para se analisar o desenvolvimento da sociologia do esporte no Brasil. Uma delas é pela produção acadêmica da área e pela via de acesso a esta, na maior parte das vezes feita mediante realização de mapeamento e revisão de literatura. Nesse caminho, podem ser retomadas em escala cronológica a produção de livros, a produção de artigos e a produção de outras obras impactantes.

Outra forma de se analisar esse processo seria por via da lógica institucional, ou seja, do papel das instituições, dos grupos de pesquisa e das pessoas que reuniram esforços para que essa área emergisse como disciplina. É importante destacar que, nessa segunda possibilidade, as análises geralmente transcendem os cercos disciplinares, uma vez que a sociologia do esporte, conforme já mencionamos, se constitui na via interdisciplinar.

Uma terceira possibilidade de trabalho está fundamentada na análise exploratória do campo, a fim de se identificar tendências teóricas e impulsos de desenvolvimento na sociologia do esporte no Brasil e, mais amplamente, na América Latina. Para o nosso propósito, é suficiente nos determos nessa última proposta analítica.

Destacamos que o campo da sociologia do esporte no Brasil dá alguns passos importantes rumo a um caminho de consolidação desde o final do século XX e início do século XXI. Vários artigos e obras têm sido produzidos e socializados no âmbito acadêmico. No caso da educação física, várias revistas têm reconfigurado suas políticas editoriais para atender a essa demanda. Revistas da área de sociologia também têm estado mais abertas para esse tipo de investigação.

Nota-se ainda certo protagonismo da área nos âmbitos da graduação e da pós-graduação em Educação Física no país, sem falar da própria qualidade dos trabalhos, que têm deixado progressivamente de ser descritivos e passado a assumir uma feição cada vez mais interpretativa mediante a incorporação de modelos de análise sociológica. Destacam-se nesse processo, sobretudo, a recepção e a apropriação dos trabalhos introdutórios e, por que não dizer, provocativos de Norbert Elias e Pierre Bourdieu na área de sociologia do esporte.

Esses avanços significativos, no entanto, não surgiram de repente e sem alguma tendência que conferisse sentido a esse percurso. A retomada de alguns dos primeiros movimentos constituídos e pensados, sob a força de determinadas circunstâncias históricas, no interior dos campos das ciências sociais e da educação física pode emprestar elementos para dimensionar melhor esse cenário. É nesse sentido que, mediante uma análise exploratória do campo da sociologia do esporte fundamentada em nossas leituras e na imersão científica na área, pudemos perceber que há três fios condutores principais ou vias de desenvolvimento dessa disciplina no Brasil: (1) os estudos socioantropológicos do futebol; (2) a teoria crítica do esporte desenvolvida no âmbito da educação física; e (3) a realização de estudos históricos das práticas esportivas (Souza; Marchi Júnior, 2010).

Na primeira via identificada, é possível afirmar que os **estudos do futebol** por meio do aporte teórico-metodológico das ciências sociais antecedem a própria apreensão do fenômeno esportivo de maneira mais ampla no Brasil.

Se formos construir um panorama minucioso sobre os trabalhos que foram desenvolvidos sobre futebol no país, logo veremos que esses esforços remontam já ao início do século XX. Como marco importante, destacam-se as reflexões pioneiras do sociólogo brasileiro Gilberto Freyre, que, desde o final da década de 1920, já problematizava alguns aspectos sociológicos referentes ao futebol no país (Souza; Marchi Júnior, 2010).

Outra contribuição dada aos estudos socioantropológicos do futebol foi tecida pelo jornalista Mário Rodrigues Filho, que, em 1947, publicou o livro *O negro no futebol brasileiro*, prefaciado pelo próprio Gilberto Freyre. Ainda que Mário R. Filho não tivesse vínculos com a atividade científica, seu livro foi utilizado como referência para pensar alguns problemas relacionados à inserção do negro e das camadas sociais mais pobres da população no contexto do futebol (Souza; Marchi Júnior, 2010).

Ainda assim, foi apenas com Roberto DaMatta que houve um dimensionamento mais expressivo do futebol como objeto de interesse das ciências sociais no Brasil, o que garantiu inclusive repercussão internacional. DaMatta (1982), em sua obra *Universo do futebol*, apresenta uma estrutura de análise para ler a sociedade brasileira com base nessa prática esportiva. Ele empreende um esforço sistematizador sobre ideias que já se faziam presentes anteriormente em Gilberto Freyre e Mário R. Filho (Souza, 2014). O autor dá uma roupagem original a essas ideias e influencia decisivamente o rumo dos estudos sócio-históricos e antropológicos do futebol e, consequentemente, de sua repercussão no país a partir dos anos de 1990. Seu projeto teórico de leitura sociológica do futebol brasileiro contribuiu para que emergisse, posteriormente, um campo mais estruturado de investigações em sociologia do esporte por meio das ciências sociais no Brasil.

> **Importante!**
>
> Os **estudos socioantropológicos do futebol** relacionam aspectos característicos do desenvolvimento do futebol com a sociedade brasileira.
> Destaques: Gilberto Freyre, Mário R. Filho e Roberto DaMatta.

Uma segunda via de desenvolvimento da sociologia do esporte no contexto brasileiro começou a se edificar nos anos de 1980 com a ascensão do chamado **movimento crítico da educação física**, cujos expoentes procuraram repensar a produção de conhecimento, a fim de transcender a perspectiva biodinâmica (Souza; Marchi Júnior, 2010). Tais pesquisadores buscaram fundamentação na obra de autores da chamada *teoria crítica da sociedade* (a qual abordaremos no Capítulo 3). Com relação à apreensão do fenômeno esportivo, denunciou-se sua prática como construção social burguesa carregada de ideologias.

Cabe aqui notar que o papel desempenhado por essa segunda vertente para o processo de desenvolvimento da sociologia do esporte no Brasil foi de valor auxiliar, na medida em que elas constituíram um *corpus* de análise teórico-conceitual que enfatizou as questões negativas, reprodutivistas e ideológicas do esporte (Souza; Marchi Júnior, 2010).

Em outros termos, essas contribuições cumpriram inicialmente o objetivo de denunciar todos aqueles aspectos disfuncionais da presença do esporte nas aulas de Educação Física que secundarizavam a oportunidade de elevar esse objeto ao patamar de um campo autônomo de análise sociológica. Por sinal, essa lacuna de discussão veio a ser completada somente anos depois, por Valter Bracht, na primeira edição do livro *Sociologia crítica do esporte* (Bracht, 1997).

Por fim, o terceiro caminho de desenvolvimento do campo da sociologia do esporte no Brasil foi estabelecido por meio da

configuração dos estudos historiográficos do esporte, impulsionados principalmente pelo esforço epistemológico do pesquisador Ademir Gebara a partir dos anos de 1990 (Souza; Marchi Júnior, 2010). É importante ressaltar a figura central de Ademir Gebara na criação e divulgação dos Encontros Nacionais de História do Esporte, Lazer e Educação Física, que marcaram o início das discussões do fenômeno esportivo com base em uma visão sociológica, fundamentada principalmente nas obras de Norbert Elias e Pierre Bourdieu, autores recém-traduzidos para o português brasileiro. A propósito, o primeiro desses encontros foi realizado em 1993 na Universidade Estadual de Campinas (Unicamp). Entre os colaboradores mais próximos de Norbert Elias que estavam presentes nesse evento destacamos o sociólogo inglês Eric Dunning (Gebara, 2006).

É válido ressaltar também que foi sob a orientação de Ademir Gebara que se produziram estudos em sociologia do esporte na virada dos anos de 1990 para os 2000. Essas pesquisas – que envolveram temáticas como estruturação e transformação do futebol em esporte-espetáculo (Proni, 1998), o esforço civilizador na constituição histórica do campo esportivo no Rio de Janeiro (Lucena, 2000), os níveis organizacionais do atletismo nacional (Pilatti, 2000) e a ressignificação do voleibol brasileiro (Marchi Júnior, 2001) – evidenciaram o pioneirismo na aproximação do esporte à leitura dos textos de Norbert Elias e Pierre Bourdieu, por exemplo.

Importante!

Nos **estudos históricos das práticas esportivas**, foram incorporados teóricos como Elias e Bourdieu na análise do esporte e das modalidades esportivas no Brasil.

Destaque: estudos realizados na Pós-Graduação em Educação Física da Unicamp a partir do final dos anos de 1990.

Evidentemente, essas vias brevemente recuperadas constituem tão somente algumas das linhas de desenvolvimento da sociologia do esporte no Brasil. Em suma, elas apontam para uma tendência não planejada de constituição de um campo de estudo transdisciplinar que envolve, sobretudo, as áreas de educação física, sociologia, antropologia e história. Trata-se de uma área que, no decorrer das duas primeiras décadas do século XXI, teve um exponencial crescimento e se consolidou no cenário nacional em torno tanto de arranjos teóricos herdados quanto novos, assim como de velhas e novas tensões investigativas, tal como discutiremos na próxima seção.

Preste atenção!

As linhas de desenvolvimento da sociologia do esporte no Brasil apontam para o diálogo com outras áreas do conhecimento das humanidades, como história, antropologia, sociologia e educação física.

2.4 Velhas e novas tensões da sociologia do esporte e da educação física

Com o aumento do interesse universal pela prática e consumo do esporte, o tema passou a chamar a atenção de pesquisadores de diversas áreas do conhecimento (história, sociologia, educação física, psicologia, medicina etc.), mediante suas relações individuais, sociais, econômicas, políticas, midiáticas, entre outras. A multiplicidade de abordagens e olhares voltados ao fenômeno esportivo, sem dúvida, fomentou uma série de discussões que ajudaram a ampliar o conhecimento diante deste objeto.

> **Preste atenção!**
>
> Nós, autores deste livro, entendemos que as dicotomias que estão na base de muitas das tensões na área do esporte não são produtivas, uma vez que acreditamos que seu caráter polissêmico é uma via de compreensão mais produtiva da complexidade do fenômeno.

Não obstante esse cenário de desenvolvimento e ampliação do conhecimento em torno do fenômeno esportivo, em razão também dessa multiplicidade de olhares, constituiu-se um emaranhado de velhas e novas tensões entre as áreas, sobretudo entre aquelas que se propuseram a discutir o dimensionamento sociocultural desse objeto. Como exemplo clássico, temos as tensões postas entre o esporte de alto rendimento e o esporte infantil. Nesses extremos, há ainda um embate entre os que fazem apologia ao esporte tal como preconizado no universo profissional e os que apregoam uma potencial desconstrução ou reconstrução do fenômeno para atender ao universo infantil de forma culturalmente satisfatória.

Essa dicotomia, na verdade, tensiona os valores da competição e da ludicidade como se fossem lógicas completamente excludentes. No nosso entendimento, esse tipo de postura mina o caráter polissêmico do esporte como patrimônio cultural do movimento humano, alimentando tensões pouco produtivas tanto para pensar o esporte quanto para efetivamente realizá-lo.

Em outras palavras, o que está em tela em polarizações como a mencionada é o aspecto reprodutor ou transformador atrelado ao universo esportivo. Seria então o esporte, nos diferentes níveis de realização social, mera reprodução das dinâmicas postas no campo dos especialistas esportivos? De forma correlata, e já pensando no campo prático, onde emergem as questões investigativas para análise sociológica quando se trabalha o esporte em seu formato técnico-tático e competitivo nas aulas de Educação Física? Os professores e praticantes de esporte no lazer estão somente reproduzindo os valores da alta *performance* e da sociedade capitalista que ampara esse fenômeno?

Questões como essas surgem não só de tensões de ordem epistemológica (sobre os limites e dominâncias referentes ao que o esporte é ou deveria ser), mas também de tensões políticas no campo acadêmico, em que diferentes pessoas querem impor sua perspectiva e, para isso, negam visões alternativas. Esses são alguns desafios que se impõem à sociologia do esporte neste início de século XXI. Talvez libertar o pensamento de falsas polarizações e dos sistemas de crenças que as alimentam seja um dos desafios urgentes a se enfrentar.

As intenções de reduzir a finalidade do fenômeno esportivo, as ideologias e as muitas utopias (aquilo que se deseja alcançar, mas que não é realizável no contexto atual) estão bastante evidentes. Isso se torna especialmente complexo nas áreas de aplicação prática e concreta desse fenômeno na vida das pessoas, como na educação física escolar ou no lazer. Sem superar essas falsas polarizações, é difícil realizar uma análise do fenômeno e se torna impossível pensar em ações posteriores, uma vez que os princípios estão fundamentados em uma realidade que é desejável, não que de fato existe.

Agregando mais elementos a essa análise, percebemos que a velha questão – esgotada não só conceitualmente, mas também politicamente – de que o esporte em seu formato competitivo (e pautado no ensino dos componentes técnico-táticos) reproduz uma ordem de injustiças e instrumentaliza as pessoas para o conformismo social já não é mais satisfatória em termos de uma análise sociológica requintada do fenômeno. Tampouco ela pode ser uma boa teoria para a ação pedagógica do esporte, uma vez que o mundo social se ressignificou notoriamente desde, pelo menos, o final dos anos de 1980, em uma lógica na qual os agentes não assistiram passivamente aos processos sociais, pelo contrário, eles foram participantes ativos e reflexivos nas construções do esporte, de si próprios nessa categoria e da sociedade, por assim dizer, esportivizada.

Importante!

A **velha questão** remete ao esporte competitivo considerado reprodutor da ordem de injustiças sociais – entendimento superado pela ressignificação do esporte nas últimas décadas.

Uma vez que essa ênfase na reprodução social mecânica está mais ou menos superada, novos tensionamentos emergem e novos olhares para o fenômeno esportivo passam a ser explorados. As tensões entre o "velho" olhar que se recusa a morrer e o "novo" olhar que se prospecta estão postas. O campo da educação física, ao menos no Brasil, parece estar sendo protagonista desse movimento.

Temos dado, nesse sentido, maior atenção na área às mudanças configuracionais na sociedade, de modo que outras temáticas e novas maneiras de tratá-las vêm sendo aventadas e discutidas na literatura acadêmica (Marchi, 2017), a exemplo das práticas esportivas na natureza (fruto de uma maior reflexividade e relação dos indivíduos com o meio ambiente – *trekking*, alpinismo, montanhismo, balonismo etc.), dos *e-sports* (prática de jogos eletrônicos em seu polo esportivo), da destradicionalização esportiva na escola (apresentação de novas práticas corporais e esportivas no âmbito escolar), entre outros temas.

Dito de outra maneira, a sociedade pós-tradicional que se operacionaliza pelas relações de interdependência entre os seres humanos tem apresentado mudanças configuracionais constantes no tecido social, confirmando a dinamicidade das relações e a capacidade de reinvenção dos espaços sociais. Ademais, como uma resposta a essas novas configurações, têm surgido também novas relações com as práticas corporais, bem como diferentes implicações sobre o movimento humano, que caracteriza o objeto de interesse da educação física.

Em linhas gerais, essas relativas mudanças nos últimos anos trouxeram à tona a necessidade de novas discussões e novos direcionamentos ao objeto da educação física, a fim de atender uma nova demanda dos indivíduos, os quais na atual sociedade se movimentam não mais de maneira passiva e alheia aos segmentos de sua vida, mas de forma reflexiva e automonitorada.

Importante!

As **novas questões** são mudanças sociais que têm promovido novas práticas e formas de apropriação de práticas tradicionais, o que questiona a própria caracterização da educação física como área e do esporte como objeto.

Contudo, a necessidade desse novo olhar para o fenômeno esportivo como prática corporal reflexiva não prescinde da criação de novas tensões e polaridades, uma vez que o movimento humano foi nas últimas décadas esquadrinhado por diferentes perspectivas pedagógicas, sobretudo na esfera da educação física escolar. Assim, sempre que novos olhares para o movimento humano emergem, há estranhamento aos olhares que são altamente influenciados pela visão tradicional sobre a ação pedagógica e política da educação física.

Um elemento que passa despercebido nessas polarizações é o de que esses tensionamentos têm sido prejudiciais para o desenvolvimento e o amadurecimento da atividade científica na área de educação física, visto que demarcam continuamente a mesma visão – e, por consequência, as mesmas insuficiências – a cada vez que o esporte está em debate. Nesse sentido, superar essa atmosfera de tensionamentos e reconhecer a sociedade em uma medida realista, sem uma visão romântica ou utópica permeada por sistemas de crenças, é um dos principais desafios a serem perseguidos para uma melhor leitura do tecido social e, por assim dizer, um melhor dimensionamento teórico e pedagógico do fenômeno esportivo como objeto concreto da educação física.

Preste atenção!

A superação dos tensionamentos e das polarizações baseados nos mesmos pontos de vista (e, por vezes, em crenças historicamente construídas) sobre o papel do esporte na educação física corresponde ao principal desafio que se coloca para a sociologia do esporte no Brasil.

Dentro desse contexto, a sensação que fica é a de que gastamos muito tempo de reflexão prospectando o que seria uma educação física ideal e esquecemo-nos de olhar para o real sentido da área, o qual se encontra nas percepções dos próprios indivíduos que partilham dela – ou seja, reside nos sentimentos e significados que cada pessoa, por meio de sua reflexividade social, atribui ao movimento humano, ao esporte etc. Por essa razão, perdemos em realismo crítico quando ambicionamos incutir nos indivíduos os verdadeiros sentidos que precisariam atribuir às práticas corporais ou ao esporte, desconsiderando que os agentes são competentes e ressignificam constantemente o que fazem enquanto fazem.

É nesse espírito teórico que, na sequência, apresentaremos um modelo de análise sociológica que sintetiza uma nova forma de apreender e explicar a realidade constitutiva do universo esportivo na contemporaneidade.

2.5 O modelo de análise sociológica dos 5 Es

Diante do cenário recente de desenvolvimento da sociologia do esporte no Brasil, e levando em consideração a conformação do fenômeno esportivo na sociedade atual, entendemos que o esporte pode ser sociologicamente interpretado por uma combinação tanto do plano teórico da **reprodução social** (noção de que a sociedade tende a reproduzir-se, ou seja, manter-se idêntica) quanto da **mudança** ou **transformação social**.

Isso significa que acreditamos que há espaço para ambas as abordagens, pois, se ainda há uma demanda de reprodução social, isso indica que as velhas tensões ainda continuam sendo importantes para a sociologia do esporte; da mesma forma, se há paralelamente um processo de destradicionalização, como aponta Giddens (2012), também é correto afirmar que as novas questões são pertinentes para se entender o esporte em meio a essa nova sociedade.

Importante!

Ainda há espaço para a abordagem da reprodução social no esporte (as velhas tensões), mas também há espaço para analisar suas transformações (as novas questões).

Nessa perspectiva, apesar de estar bem demarcado sob diversos contextos e diferentes esferas sociais, o esporte, como objeto de pesquisa, tem trazido desafios a quem o estuda. Isso ocorre em razão da polissemia do fenômeno como assunto de análise e também de sua conceituação, a qual nunca se encontra estática diante das mudanças configuracionais da sociedade que sempre contribuem para a implementação de novos elementos à sua definição, sobretudo pelo prisma da sociologia, que tende a mapear esses aspectos.

Em outras palavras, pensar em construir uma definição que se proponha absoluta para o esporte é, no limite, um esforço inglório, tendo em vista sua complexidade, sua dinâmica relacional e, fundamentalmente, sua capacidade constante de absorver e/ou transmutar características e tendências sociais constituídas em diferentes períodos históricos.

Certamente, a contemporaneidade trouxe novos cenários esportivos movidos também por diferentes estilos de vida, cujos espaços sociais e, principalmente, a relação dos indivíduos com o esporte foram alterados com o decorrer do tempo, ainda que as práticas tradicionais continuem se fazendo presentes em nossas vidas.

Preste atenção!

Embora o esporte na atualidade tenha várias faces e diversas interpretações – o que gera confusões quanto à sua definição –, a influência das velhas tensões ainda está presente, pois muitos dos problemas levantados no passado permanecem sem respostas, o que estimula o movimento de continuidade nas investigações da área.

Se em termos conceituais já encontramos dificuldades para definir o que é esporte ou até mesmo para diferenciá-lo de outras atividades corporais, construir ou se utilizar rigorosamente de modelos que se destinam a explicar o esporte é ainda mais complexo.

É com base nessa preocupação que estruturamos e propomos um modelo analítico do esporte que pode ajudar a estabelecer uma comunicação melhor entre esporte e sociedade, bem como a pensar o fenômeno em uma perspectiva ampliada que envolve múltiplos sentidos, significados, contextos e dimensões.

A intenção é propor um modelo de análise que leve em consideração a atual configuração do tecido social, ou seja, as características de uma sociedade que concebe e se relaciona umbilicalmente com o esporte. Essa leitura relacional tem como objetivo qualificar e refinar a compreensão do fenômeno e suas complexas interconexões.

Essa é a pretensão do **modelo analítico dos 5 Es** proposta por Marchi Júnior (2015). Tal modelo é composto por cinco dimensões e, como o próprio nome indica, se refere a cinco aspectos ou conceitos iniciados com a letra "E", os quais estão correlacionados ao esporte: **emoção**, **estética**, **ética**, **espetáculo** e **educacional** (Figura 2.1). A proposta em si tem por conjectura que é infactível ou, em última instância, um reducionismo limitador se propor a analisar o esporte nos dias atuais sem ponderar ou abordar, minimamente, a discussão dessas dimensões correlacionais.

Figura 2.1 Modelo analítico do esporte: 5 Es

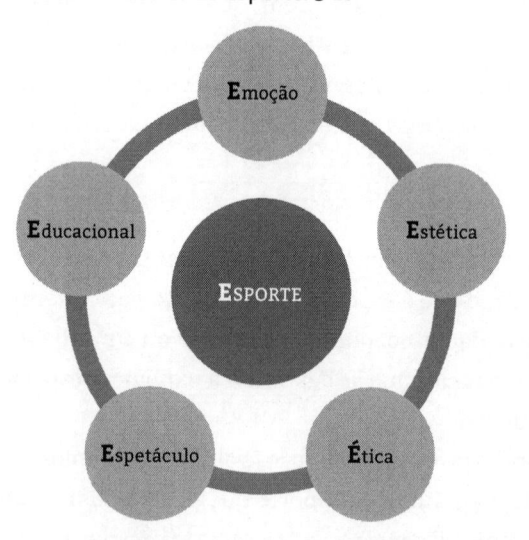

Fonte: Marchi Júnior, 2015, p. 60.

Na sequência, serão descritas as principais características de cada um dos elementos que constituem esse modelo analítico, especialmente em sua relação com o esporte.

▪ Emoção

Essa dimensão está associada à produção de **tensão** e à **excitação** que as **práticas esportivas** podem conferir às pessoas, reproduzindo, por meio do esporte, situações que estimulam desafios e riscos controlados. Em outras palavras, o esporte pode criar um ambiente propício ao aumento dos níveis de prazer e satisfação que em outros contextos não seria possível, dada a condição de reclusão dos sentimentos das pessoas, como ocorre nas rotinas de seriedade – trabalho, escola, faculdade etc.

Dessa forma, quanto mais situações desafiadoras o esporte proporcionar – logicamente dentro dos limites de segurança –, maior será a produção de tensão e, por consequência, maior será a possibilidade de o indivíduo se sentir satisfeito e realizado. Não é à toa que inúmeras pessoas buscam práticas esportivas como maratonas ou ultramaratonas, às vezes, com o único objetivo de se sentirem capazes de superar tal desafio, pois o desfecho dessa prática, em muitas situações, pode ter um sentido gratificante. Em linhas gerais, o esporte em situações que simulam risco permite um descontrole controlado das emoções.

Devemos considerar ainda o efeito catártico que as várias manifestações do esporte proporcionam aos praticantes, aos espectadores ou até mesmo aos profissionais da área. São momentos nos quais o extravasar das emoções se faz presente em sua plenitude. No entanto, caso os limites postos e aceitos socialmente sejam de alguma maneira violados ou ultrapassados, há uma suposta intervenção e presença dos monopólios de controle social. Os estádios de futebol e as intercorrências com seus torcedores podem ilustrar essa questão.

- **Estética**

A ideia principal dessa dimensão está atrelada ao contexto da **saúde**. Em outras palavras, trata-se do esporte como prática corporal que pode promover bem-estar e condições adequadas para os indicadores de saúde. Ainda que o esporte seja passível de desenvolver criteriosamente tais atributos, há outros elementos que devemos questionar a respeito da prática referente ao discurso da saúde e da estética corporal, como os padrões de beleza alicerçados na sociedade que estimulam uma busca constante pelo corpo considerado ideal.

A obsessão pela **imagem corporal** tem repercutido ambiguamente na vida das pessoas, chegando até mesmo a casos extremos, tais como a anorexia e a vigorexia. Além disso, atreladas ao discurso de estética e saúde por meio das práticas esportivas, há questões de ordem mercadológica que impulsionam setores de serviços e produtos para esses fins.

Nesse contexto, podemos destacar que as condições ofertadas ou, em certa medida, cobradas pelos estereótipos corporais, invariavelmente, estão ligadas ao desenvolvimento de uma indústria tecnológica, farmacológica e, o que é mais preocupante, ao reforço de um paradigma social individualista de superação e "conquistas".

Paralelamente, podemos incluir na discussão da estética relacionada ao esporte o próprio fascínio e deleite na apreciação de uma *performance* corporal esportiva em seus vários níveis e *closes* midiáticos. As imagens congeladas, superdimensionadas, com redução de velocidade, atestam a magnitude e o encantamento sugerido.

- **Ética**

A terceira dimensão enfatiza a ideia de **princípios, valores** e **condutas** relacionados ao **respeito de normas** e **regras comportamentais** que visam garantir a organização e a pacificação no esporte. Como exemplo de boa conduta no esporte podemos citar o *fair play*, que transcende a prática profissional e atinge também o esporte em diferentes contextos. Essa concepção de "jogo justo" permitiu aos agentes incutir maior nível de respeito às regras atribuídas ao esporte – como se fosse um código de honra em relação aos adversários.

Outros sinais de respeito podem ser vistos em competições nas quais os participantes fazem saudações patrióticas ou juramentos, garantindo, assim, o suposto compromisso de cordialidade aos oponentes, assim como no respeito às regras e condutas solicitadas nas competições.

Todavia, quando o resultado da *performance* é colocado em primeiro plano, muitos dos valores atribuídos ao discurso da ética podem ser colocados em xeque. Isso ocorre porque os agentes que compõem o campo esportivo, sobretudo no que tange à prática profissional (que tem mais intenções envolvidas, como troféus, dinheiro, legitimidade, reconhecimento e poder), podem adotar condutas desviantes em prol de benefícios próprios. Em outras palavras, o discurso da ética pode falhar ou, como gostamos de mencionar, assumir a perspectiva de um "remédio vencido". Assim, quando tratamos da ética no esporte, temos que estar atentos também a essas questões, principalmente se considerarmos que as regras institucionalizadas são construções sociais definidas e assumidas em determinado contexto, determinado espaço e determinado tempo social. Essas regras definirão um padrão de comportamento a ser aceito, cobrado ou até mesmo refutado, dependendo das condições nas quais ele for vivenciado.

Os comportamentos e os valores sociais presentes atualmente no esporte podem gerar dilemas éticos, ou seja, apresentar diferentes posicionamentos diante das regras estabelecidas. O exemplo do "dilema bioético" estabelecido entre os humanistas e os pós-humanistas, que remete ao uso de substâncias consideradas ilegais para a obtenção de melhores resultados e *performances*, evidencia essa polêmica possível e provável na contemporaneidade.

- **Espetáculo**

Com relação à dimensão do espetáculo esportivo, temos que ter o devido cuidado para não associá-la apenas ao contexto da **profissionalização** e do **alto rendimento**. A princípio, o esporte de rendimento não está associado exclusivamente ao profissionalismo, mas também, por exemplo, a grupos de iniciantes que procuram uma melhor *performance* em relação ao seu estágio inicial, ou ainda a praticantes idosos que buscam um melhor desenvolvimento de suas capacidades físicas.

Mas, afinal, o que seria então o espetáculo no esporte? Em resumo, o espetáculo tem algumas características que permitem delimitá-lo para além da profissionalização e dos níveis performáticos, tais como a **movimentação econômica e mercadológica**, a **oferta de serviços e produtos**, a **visibilidade midiática**, a **divulgação globalizada** e a **mobilização populacional**. Além disso, as modalidades esportivas para ingressar em um processo de espetacularização supostamente passam por algumas etapas ou estágios de desenvolvimento, como o amadorismo, a institucionalização, a profissionalização e a mercantilização (Marchi Júnior, 2015).

É interessante notar que, à guisa de ilustração, após o encerramento dos campeonatos estaduais e nacional de futebol no Brasil, há uma tendência a surgirem novas "práticas esportivas" em transmissões televisivas, as quais tentam se aproximar das características e peculiaridades de um espetáculo esportivo.

Em tempo, outro "E" que invariavelmente é lembrado ou sugerido para ser incluído no nosso modelo é o "E" de *econômico*. Contudo, tendo em vista sua forte relação com as perspectivas dos componentes do espetáculo esportivo, todo o conjunto de correlações e determinantes é incluído na dimensão analítica do espetáculo. Em suma, para analisar o espetáculo esportivo nas condições estipuladas atualmente, é meramente impensável não associá-lo ao componente econômico (ou à dimensão econômica).

- **Educacional**

A última dimensão proposta no modelo assume uma característica diferenciada. Ela é a **responsável por dialogar e interligar todas as dimensões até aqui apresentadas**. Trata-se de uma categoria que permite operacionalizar esses conceitos e dimensões dentro de um exercício analítico e interpretativo, propiciando uma formação mais crítica e reflexiva. Ademais, quando temos o conhecimento das dimensões do esporte integradas em sua essência e existência, podemos também melhor associá-las aos princípios educacionais formativos.

Em síntese, a dimensão educacional traz consigo a perspectiva de que é importante termos condições de efetivar uma leitura correlacional e contextualizada de como entendemos o esporte na contemporaneidade. E essa é a nossa função e o nosso compromisso na formação de professores de Educação Física, a saber: **qualificar a leitura, a análise, a interpretação e as possíveis interlocuções com a realidade do contexto esportivo**.

Visto de maneira objetiva, acreditamos que o modelo analítico dos 5 Es, em razão de suas dimensões interconectadas, confere potenciais elementos para ajudar na leitura, na análise e na compreensão do esporte, em especial no que se refere a suas correlações com a sociedade contemporânea, que é constituída por configurações sociais dinâmicas e transitórias, bem como estimula formas de apropriação do esporte.

Contudo, vale salientar que, embora o modelo apresente elementos significativos para análise do esporte, tendo sido construído com base em incursões e sustentações teóricas e empíricas, a utilização dele é instrutiva e visa preparar terreno para o uso posterior de outras proposições teóricas que ajudem a delimitar as velhas e novas tensões que rondam o fenômeno esportivo na contemporaneidade.

É pensando nessa ampliação teórica que no próximo capítulo procuramos apresentar algumas das principais teorias utilizadas no âmbito da sociologia do esporte mundial.

▌▌▌ Síntese

Categoria	Significado	Exemplo
Etimologia	Estudo gramatical da origem e da história das palavras – de onde surgiram e como evoluíram ao longo dos anos.	A origem da palavra *sport*, que deriva do francês *deport* (descanso). *Trabalho*, do latim *tripaliu*. Algumas palavras não sofreram alterações no significado original, como a palavra *amor*.
Mercantilização	Ação ou efeito de transformar algo que seja comercializado.	Mercantilização esportiva; vendas de camisetas de futebol; transações de atletas; transições exclusivas (*pay-per-view*).
Destradicionalização	Ruptura com o tradicional, com a lógica de transmissão de costumes, comportamentos, crenças, lendas, entre outros.	Rompimento com concepções teóricas tradicionalistas e apresentação de novas práticas corporais. Inclusão de novas práticas esportivas, como os jogos eletrônicos.
Gênese esportiva	Evolução e/ou criação.	Evolução do esporte na sociedade britânica; novas regras esportivas para atender/a novas demandas.
Interdependência	Dependência mútua entre duas estruturas ou pessoas.	Relação atleta *versus* atleta; atleta *versus* treinador; relação clube *versus* federação.

(continua)

(conclusão)

Categoria	Significado	Exemplo
Sociedade cosmopolita	Sociedade sem uma pátria definida; pessoas de vários países que constituem uma sociedade cosmopolita. Influência de várias culturas.	Algumas sociedades atuais; grandes centros urbanos.
Polissemia	Algo que tem muitos significados.	Graças a todas as suas possibilidades de manifestação e interpretação, o fenômeno esportivo pode ser considerado uma prática polissêmica.

Indicação cultural

Filme

ABRIL despedaçado. Direção: Walter Salles. Brasil; França; Suíça: Buena Vista International, 2001. 105 min.

Trata-se de uma adaptação do romance escrito pelo albanês Ismail Kadaré. A história ocorre no sertão brasileiro, onde vivem Tonho e sua família. Tonho convive com uma dúvida, pois, ao mesmo tempo que é impelido por seu pai a vingar a morte de seu irmão mais velho, assassinado por uma família rival, ele sabe que, uma vez que resolva se vingar, será perseguido e terá pouco tempo de vida. Angustiado pela perspectiva da morte, ele passa a questionar a lógica da violência e da tradição (Monteiro, 2009).

Atividades de autoavaliação

1. Sobre a concepção do que é esporte, analise as assertivas a seguir e marque V para as verdadeiras e F para as falsas.

    ( ) As diversas práticas esportivas sofreram e ainda sofrem um processo de esportivização para atender às inúmeras demandas do mundo moderno.

( ) Práticas como xadrez, corrida de cavalos e automobilismo não devem ser consideradas esportes.
( ) O futebol e o voleibol, graças a toda oferta e demanda mercadológica no campo esportivo brasileiro, são considerados práticas esportivas dominantes.
( ) A abordagem polissêmica entende que os esportes não são historicamente construídos, mas práticas socialmente ofertadas.
( ) De acordo com Eric Dunning e Norbert Elias, a gênese do esporte não apresenta relação com o processo de desenvolvimento da Inglaterra.

Agora, assinale a alternativa que indica a sequência correta:

a) V, F, V, F, F.
b) V, F, V, V, F.
c) F, V, V, F, F.
d) V, V, F, F, F.
e) F, V, F, F, F.

2. Sobre a história do esporte, é correto afirmar:
   a) O processo civilizador decorrente do tecido social europeu não teve grande influência na transformação do esporte moderno.
   b) As práticas corporais ou atividades recreativas em geral, antes da Revolução Industrial, já demonstravam aspectos que as legitimavam como esporte.
   c) A sociedade inglesa, com menor tolerância à violência, foi a grande responsável pela gênese e difusão mundial do esporte moderno.
   d) A difusão do fenômeno esportivo implica um modelo fechado, não passível de ressignificações.
   e) Uma das características centrais para o desenvolvimento do esporte moderno foi o aumento dos níveis de sensibilidade à violência.

3. Assinale a alternativa correta referente à sociologia do esporte.
   a) Uma das formas de se analisar o desenvolvimento da sociologia do esporte no Brasil é por meio dos esforços dos grupos de pesquisas e das universidades.
   b) Duas foram as principais vias de desenvolvimento da sociologia do esporte no Brasil: estudos econômicos e estudos da desigualdade social.
   c) O desenvolvimento do fenômeno esportivo só pode ser analisado se for priorizada a configuração de esporte rendimento.
   d) O esporte de alto rendimento é marcado apenas pelas competências técnicos-táticas.
   e) A sociologia do esporte no Brasil surgiu, em uma primeira via, por meio das teorias críticas empregadas no campo da educação física.

4. Marque a alternativa correta referente à reflexão sociológica sobre o esporte.
   a) Todos os tipos de "olhares" para o movimento humano ainda não foram devidamente estruturados para análises sociológicas.
   b) A sociedade pós-tradicional tem evitado maior reflexividade quando comparada a outras.
   c) O esporte, ao contrário do mundo social, se ressignificou nas últimas décadas.
   d) Os olhares acadêmicos sobre educação física e esporte encontram-se livres dos sistemas de crenças que não correspondem à realidade dos fatos.
   e) Em uma sociedade tida como pós-tradicional, atividades como *trecking* e *e-sports* não estimulam a reflexividade em seus praticantes.

5. Sobre o esporte como objeto de estudo é possível afirmar:

   a) O modelo analítico dos 5 Es tem por pretensão, entre outras ações, levar em consideração a configuração do tecido social desqualificando a compreensão do fenômeno esportivo.
   b) O esporte não pode ser interpretado por meio de planos teóricos ou de transformações sociais.
   c) A modernidade traz consigo novos cenários e novas modalidades esportivas, motivadas por diferentes estilos de vida.
   d) As cinco dimensões do modelo analítico dos 5 Es são: emoção, eixos, estética, ética e espetáculo.
   e) Somente o modelo analítico dos 5 Es já é suficiente, em grande medida, para se compreender os problemas sociológicos do esporte.

Atividades de aprendizagem

Questões para reflexão

1. A circulação dos bens esportivos pelo mundo sofreu forte influência inglesa. Tendo em vista esse contexto, aponte alguns dos elementos que o futebol trouxe da Inglaterra para outros possíveis cenários.

2. Escolha um esporte, de preferência aquele com o qual você tenha maior contato, e tente analisá-lo com base no modelo dos 5 Es, indicando as categorias que são mais evidentes ou relevantes e considerando os problemas e desafios que nele se apresentam.

Atividade aplicada: prática

1. Levando em consideração o processo de civilização da humanidade, elenque um esporte e procure apontar algumas das mudanças pelas quais ele passou ao longo do tempo, especialmente no que se refere às regras.

Capítulo 3

Abordagens teóricas
para o estudo do esporte

Conforme discutido no Capítulo 1, a pesquisa em sociologia do esporte tem uma série de preceitos que visam garantir melhor qualidade na produção científica da área. Essas condições, postuladas pelas ciências sociais, são elencadas como exigências indispensáveis para um bom desenvolvimento das pesquisas. Se uma dessas diretrizes for negligenciada, o processo de artesania intelectual é prejudicado de tal modo que o trabalho se torna insuficiente ou questionável.

Nesse contexto, estar atento e sincronizado às exigências e demandas da atividade científica sociológica é crucial para uma boa leitura e uma boa interpretação dos objetos. Mais do que isso, ao levar a cabo esses pressupostos, o pesquisador, como mencionamos anteriormente, assume uma identidade próxima ao ofício de um artesão, que, a cada peça que desenvolve, busca direcionar todos os seus esforços e habilidades para a confecção de um artesanato singular e de valor indiscutível. Contudo, se o pesquisador não somar ao seu esforço de artesania uma vigilância epistemológica, ele ficará suscetível a cair em armadilhas em que os "mais treinados" não caem, a exemplo da propagação de um senso comum douto que nada mais é que a disseminação de prenoções por meio de uma escrita bem elaborada.

Preste atenção!

Não basta incluir uma escrita elaborada para noções do senso comum; é preciso conhecer os pressupostos teórico-metodológicos da pesquisa sociológica.

Nesse sentido, para não esbarrar nesses tipos de problemas apontados, ter um conhecimento concreto sobre os encaminhamentos teórico-metodológicos que orientam a pesquisa sociológica é fundamental para amenizar equívocos durante a realização de uma pesquisa ou até mesmo na ação pedagógica do profissional de educação física.

Diante disso, um dos aspectos centrais é reconhecer os referenciais teóricos selecionados para a apreensão e a análise dos objetos. Todavia, a seleção de um modelo analítico não deve ser feita de maneira aleatória ou em razão de visibilidade, sendo necessário, portanto, selecionar a teoria que melhor responde às particularidades do objeto eleito e à sua respectiva problematização.

Sabendo então da importância dos modelos teóricos para o desenvolvimento das análises sociológicas, temos como objetivo neste capítulo apresentar algumas das principais teorias mobilizadas no âmbito da sociologia do esporte e da educação física: a teoria do jogo, a teoria marxista, a teoria do processo civilizador, a teoria reflexiva dos campos e as teorias da pós-modernidade e da globalização. Tais teorias, algumas de autores bastante consagrados no mundo acadêmico, ajudam a direcionar a pesquisa sociológica e a prática pedagógica, além de apontarem para as categorias analíticas que justificam sua potencialidade na leitura dos problemas e objetos sociais.

3.1 Teoria do jogo

O jogo, com suas diferentes manifestações e finalidades, sempre foi alvo de muita fascinação entre os seres humanos, o que também instigou uma série de autores a buscarem compreender essa atividade compartilhada pelas pessoas. Mais do que uma mera prática corporal, muitos teóricos que trabalharam com esse assunto conseguiram identificar fortes relações do jogo com o mundo social, o que os levou a propor teorias acerca desse objeto.

Nesse sentido, destacamos dois grandes teóricos: o historiador holandês **Johan Huizinga** (1872-1942), com sua obra *Homo Ludens* (1999); e o sociólogo francês **Roger Caillois** (1913-1978), com o livro *Os jogos e os homens: a máscara e a vertigem* (2001). Em linhas gerais, ambos desenvolveram teorias que permitem refletir sobre o jogo e suas relações com a sociedade. Contudo, vamos nos dedicar aqui apenas a esquadrinhar com mais rigor o modelo de Caillois, o que não impede que façamos uma breve introdução da teoria de Huizinga, a fim de estabelecer um contraponto com a teoria do sociólogo francês e também de indicar uma análise complementar do jogo.

A característica fundante que diferencia a teoria de Huizinga (1999) é a hipótese de que o jogo como fenômeno social é uma prática que se manifesta antes mesmo da concepção de *cultura*. Para defender tal argumento, o teórico cita a própria constituição natural dos animais que, ao interagirem entre si, manifestam elementos e aspectos que são concernentes às características presentes no jogo. Para o autor, o simples ritual que os cães fazem ao correrem atrás uns dos outros, em um sinal de excitação e brincadeira, já confirma o quanto o jogo pode ser visto como algo natural. Por isso, ele defende que o jogo se constituiu antes mesmo do que entendemos por *cultura*.

Outro aspecto que Huizinga aponta em sua teoria é que o jogo, em sua essência, tem como elemento preponderante estimular em seus jogadores tensões, alegrias e divertimentos. Entretanto, graças a essa característica dos jogos, o imaginário em torno desse fenômeno foi construído com base na ideia de atividade descompromissada ou destituída de seriedade, o que tirou um pouco da legitimidade dos jogos em meio aos estudos culturais. Nesse sentido, Huizinga avança em seu argumento questionando que, em jogos como xadrez ou até mesmo em práticas mais casuais entre as crianças (como o futebol), o jogo é permeado por regras e condutas que evidenciam aspectos de seriedade, razão pela qual não faz sentido reduzi-lo apenas à esfera da diversão.

Dessa forma, o autor tenta defender a hipótese de que o jogo é mais complexo e está presente em vários segmentos de nossas vidas, não tendo como negar a influência desse fenômeno que antecede a própria lógica de cultura. Partindo desse pressuposto, Huizinga demonstra vários exemplos que buscam exprimir a estreita relação do jogo com diversas instituições e contextos de nossas vidas, tais como a linguagem, os rituais, as fantasias, as brincadeiras, a competição, o sistema jurídico, as guerras, o conhecimento e a poesia.

Importante!

Para Huizinga (1999), o jogo se faz presente em vários contextos de nossas vidas, sendo elemento importante de investigação social.

Em oposição à tese de Huizinga (1999), que defende a anterioridade do jogo à cultura, Caillois (2001) apresenta outras maneiras para se compreender o fenômeno na sociedade, trazendo definições e categorias importantes. Embora os dois teóricos admitam a existência de uma linha tênue entre sociedade e jogo, para o sociólogo francês essa relação ocorre de forma muito mais complexa, pois o jogo com seus elementos ambíguos não se relaciona somente com uma potencial positividade da vida, o que pode levar a um processo de deturpação ou corrupção no tecido social, ou seja, a ações negativas.

Nota-se, portanto, que enquanto Huizinga se preocupa em situar o jogo dentro da sociedade como uma instituição onipresente que transcende a ideia de tempo livre, Caillois tenta compreender o jogo em sua dimensão psicológica. Para este autor, o elemento de ludicidade atrelado ao fenômeno contribuiu para gerar impulsos desviantes na sociedade contemporânea.

Diante dessa hipótese, Caillois (2001) elaborou quatro tipos ideais para pensar os jogos: *agôn, alea, mimicry* e *ilinx*. Cada uma dessas dimensões apresenta elementos que podem ser associados a comportamentos incompatíveis ao que se espera de uma civilização considerada em estágio moderno. Dito de outra forma, tais condutas presentes no jogo podem estimular o ser humano a ações corruptivas.

A dimensão **agôn** caracteriza os jogos que estimulam a forte competição entre os agentes, os quais estão condicionados à ideia de vitória, em um contexto em que apenas uma pessoa ou grupo pode lograr êxito na categoria em função das próprias competências. Em suma, essa dimensão do jogo força o indivíduo a canalizar todos os seus recursos e o melhor de suas capacidades para atingir a vitória, ainda que dentro dos limites fixados no jogo. Como exemplo dessa categoria, podemos elencar esportes que, em grande medida, são guiados pela ideia de competitividade, tal como o basquetebol, ilustrado na Figura 3.1.

Figura 3.1 Esportes competitivos (basquetebol)

Monkey Business Images/Shutterstock

Na contramão dessa classificação de jogo segundo a qual o indivíduo coloca todas as suas forças e recursos em prol da competição, a categoria *alea* apresenta um indivíduo passivo e estático ao jogo. Nessa concepção de jogo, o que predomina é a sorte, ou seja, o jogador não é responsável pelo resultado, já que ele é submetido à imprevisibilidade. Aqui podem ser consideradas as apostas feitas nos cassinos, hipódromos, loterias etc., que corroboram a ideia de jogos de azar.

A categoria *mimicry*, como o próprio nome indica, agrega os jogos considerados de interpretação ou encenação, ou seja, o aspecto central dessa classe de jogo está na imitação (mimetismo). Nesse tipo de jogo, o indivíduo, com uso de seu imaginário, constrói e representa um mundo ou um personagem fictício que o coloca em um contexto de ilusão temporária. Em síntese, todos os jogos têm um caráter fechado que ocorre em paralelo com a realidade do mundo, embora os jogos de imitação sejam os que mais evidenciem essas características. Aqui podemos nos remeter às encenações de artistas de teatro, cinema, televisão e até mesmo daquelas pessoas que se caracterizam de algum personagem com o qual simpatizam, como é o caso dos *cosplays*.

Pense a respeito

Pesquise na internet imagens de *cosplays*. Quais são as origens mais comuns dos personagens "imitados" pelas pessoas?

Por fim, a última dimensão apresentada por Caillois (2001) é a **ilinx**, que engloba os jogos que estimulam a vertigem. Nessa classe de jogos estão inclusos os esportes de aventura, radicais e de velocidade, que permitem ao indivíduo vivenciar situações de instabilidade e de tensão que provocam desequilíbrio momentâneo no corpo, tanto na dimensão dos aspectos físicos quanto na dos aspectos psicológicos.

Essas são as quatro dimensões apresentadas por Caillois (2001) para classificar os jogos em relação às suas especificidades. Como vimos, a **competição** (*agôn*), a **sorte** (*alea*), a **simulação** (*mimicry*) e a **vertigem** (*ilinx*) são elementos que identificam o gênero do jogo, definindo suas principais características. Contudo, a principal tese levantada pelo sociólogo francês é a de que esses aspectos inseridos nos jogos estimulam um processo de descontrole e desvirtuamento que não se enquadra em nossas rotinas de seriedade, evidenciando uma espécie de contaminação.

Porém, se fizermos um contraponto com a teoria do processo civilizador de Norbert Elias (2011b), que será exposta mais adiante, perceberemos que o papel dos esportes ou jogos na sociedade moderna deve ser lido justamente como um produto do processo de civilização, ou melhor, como um acordo dos indivíduos em sociedade. Nesse caso, a teoria eliasiana, sem fundo normativo, percebe o jogo e o esporte como contramedidas excitantes ao caráter de rotinização e seriedade da vida moderna.

Vale ressaltar, contudo, que essas categorias de jogo apresentadas por Caillois não são isoladas, visto que podem ser simultaneamente acionadas em diversos jogos, o que pressupõe recombinação das dimensões. Independentemente desse quadro tipológico, Caillois (2001) se preocupa com a perda de equilíbrio incutido nessas práticas, já que na vida cotidiana o descontrole não é permitido.

Pense a respeito

Pense em diferentes práticas corporais e identifique quais dimensões de jogo, conforme Caillois (2001), podem ser encontradas. Que combinações você é capaz de pensar entre *agôn*, *alea*, *mimicry* e *ilinx*?

Exemplo:
Agôn: futebol
Alea: jogos de tabuleiro com dados
Mimicry: brincadeira "polícia e ladrão"
Ilinx: bungee jump
Combinações:
Megarrampa de *skate*: pode ter as dimensões de *agôn* e *ilinx* simultaneamente, se pensarmos na competição entre indivíduos e na sensação de tensão ocasionada pela periculosidade do trajeto.
Jogo de tabuleiro – Banco Imobiliário: contempla dimensões de *alea* e *mimicry*, uma vez que envolve sorte e imitação de uma atividade social (o empreendedorismo).

Na sequência, damos continuidade à apresentação das abordagens teóricas para o estudo do esporte, introduzindo um modelo macroexplicativo da realidade que motivou o desenvolvimento de diversos estudos no âmbito das ciências sociais, inclusive no campo da educação física. Embora tal teoria tenha se destinado a compreender outros problemas sociais, sobretudo no que se refere ao plano econômico, houve esforços significativos para pensar o esporte a partir dela.

3.2 Teoria marxista

Quando falamos em tradição sociológica, não há como não citar a figura do sociólogo alemão **Karl Marx** (1818-1883), um dos responsáveis por abrir uma das primeiras correntes teóricas da sociologia moderna no século XIX. Ainda que o trabalho de Marx, em especial sua teoria, seja alvo de muitas discussões, tensionamentos e críticas, ele contribuiu para uma leitura da sociedade que serviu de ponto de partida para muitos outros teóricos que, na sequência, souberam reconhecer o seu legado, mas identificaram limitações no corpo de sua obra. Esses estudiosos conseguiram avançar em determinados aspectos sobre os quais o próprio Marx não havia tratado ou que sequer existiam em sua época.

Contudo, é natural que as teorias apresentem limitações, e reconhecê-las é o primeiro passo para andar em direção segura durante a leitura de um objeto atrelado à sociedade. Posto isso, a teoria marxista está presente na agenda de muitos pesquisadores e estudiosos da educação física, os quais compreendem que há elementos dela que podem ajudar a compreender alguns problemas incutidos no tecido social e, consequentemente, no esporte.

Em linhas gerais, Karl Marx destinou a maior parte do seu trabalho teórico a compreender e desvelar as influências do capitalismo na sociedade. Isto é, ele buscou compreender como os produtos do capitalismo se relacionavam com as posições sociais dos agentes que partilhavam dessa lógica. Para atender a essa premissa, Marx direcionou as suas investigações aos meios de produção.

No entanto, foram os desdobramentos teóricos posteriores, constituídos em íntima relação com a teoria marxista (pensemos em E. P. Thompson e T. W. Adorno, por exemplo), que deram o devido trato analítico ao papel do consumo na sociedade e às suas relações com a cultura. Foi nesse contexto que foi constituída uma abordagem de orientação marxista para se analisar o esporte, desenvolvida principalmente pelo francês **Jean-Marie Brohm** e pelos alemães **Bero Rigauer** e **Gerhard Vinnai** (Souza, 2014).

Além do que está sendo exposto, cabe notar que Marx buscou compreender a trajetória e os desdobramentos do capitalismo em uma perspectiva de evolução da sociedade, objetivando perceber as transformações sociais no decorrer do tempo (Elias, 2011a). Esse método de análise, que tinha como objetivo verificar as mudanças no tecido social, principalmente as de ordem econômica, política e de classes, foi denominado *materialismo histórico-dialético*. Esse é o *modus operandi* da teoria marxista, ou seja, corresponde aos encaminhamentos teórico-metodológicos e políticos que orientam e fundamentam a forma marxista de se examinar os problemas sociais (Marx, 2008).

Em outras palavras, por meio da análise econômica, o marxismo procurou dar voz às classes mais desprivilegiadas, denunciando o caráter endêmico das desigualdades sociais e da exploração do proletariado, principalmente com base nas leituras sobre a produção da mais-valia e a apropriação do capital e dos meios de produção.

Preste atenção!

A teoria marxista referente à sociedade tem seus esforços centrados em explicitar os problemas sociais gerados pelo capitalismo. Nesse sentido, ela tece críticas à organização desse sistema e sinaliza para os conflitos de classe, os quais podem ocorrer no tecido social tanto de maneira velada quanto de maneira bem demarcada.

Tendo em vista o prestígio de Marx como um dos precursores da sociologia, seu modelo analítico dos problemas sociais foi recebido com bastante entusiasmo em vários círculos acadêmicos, inclusive no Brasil, onde a teoria parecia remeter intimamente aos problemas estruturais da sociedade, pelo menos se levarmos em consideração o plano econômico e seus desdobramentos negativos, como a desigualdade social.

Nesse contexto de recepção, a teoria marxista chegou à educação física por intermédio do campo educacional, o que implicou na releitura social do esporte. Embora o sociólogo alemão não tenha se dedicado a tratar do jogo ou do esporte, a comunidade científica viu aspectos inerentes à sua teoria que possibilitavam estabelecer possíveis relações com esse objeto, mesmo que o modelo apresentasse mais questões direcionadas à economia. Esta, inclusive, é uma das principais críticas a esse tipo de análise, já que o esporte não poderia ser reduzido a essa única dimensão.

Contudo, ainda que a teoria marxista apresentasse possíveis limitações para a leitura das práticas culturais, vários foram os esforços de estendê-la a esse desígnio, a exemplo do que fizeram os intelectuais da Escola de Frankfurt, tais como Theodor W. Adorno, Herbert Marcuse e Max Horkheimer. Por sua vez, no que se refere ao trato do esporte em específico, a análise embrionária do fenômeno pelo prisma marxista ocorreu por meio dos trabalhos de Rigauer, Vinnai e Böhme na Alemanha e dos trabalhos de Brohm e Laguillaumie na França (Bracht, 2005).

No Brasil, a mobilização sistemática dessa proposta analítica para estudar o esporte, em especial o futebol, remonta ao contexto de abertura política e fim da ditadura militar, em 1985 (Souza, 2014). O discurso assumido pela intelectualidade, em especial da educação física, era que essa prática cultural tinha forte relação com o sistema capitalista e funcionava como instrumento de dominação política, tendo em vista que o esporte contribuía para tornar os indivíduos mais disciplinados e obedientes à ordem estabelecida, incutindo um conformismo social que tornava as pessoas mais submissas e alheias a toda dinâmica instaurada pelo capitalismo (Souza, 2014).

> **Preste atenção!**
>
> A crítica de cunho marxista ao esporte tende a vê-lo como instrumento de ação política e dominação da classe burguesa sobre a classe operária.

O tipo de análise que a categoria de dominação ideológica do esporte oferece para o desenvolvimento de uma potencial análise sociológica do objeto foi inicialmente sistematizado no campo da educação física brasileira por Kátia Brandão Cavalcanti (1984) e Valter Bracht (1986, 1992). Seguindo esse mesmo fluxo de crítica ao esporte como instituição burguesa, o debate sobre o fenômeno, na qualidade de objeto caro ao campo da educação física, logo acabou colocando em xeque seu desenvolvimento dentro das aulas dessa disciplina no espaço escolar. Não por acaso emergiram abordagens pedagógicas críticas sobre a disciplina, que visavam sincronizar o papel do esporte e da educação física ao discurso de transformação social, tomando como força motriz o modelo analítico marxista. É o que sinaliza a obra *Metodologia do ensino de educação física* (Soares et al., 1992), assinada por um coletivo de autores, entre eles Bracht. Essa obra apresentou no Brasil a chamada **abordagem crítico-superadora da educação física e do esporte**.

Em linhas gerais, o referencial teórico marxista foi e tem sido mobilizado para se estudar vários objetos associados ao esporte em diversas subáreas da educação física (lazer, políticas públicas, educação física escolar etc.). Contudo, é importante ponderar que a teoria apresenta uma especificidade analítica que não permite dar conta das múltiplas dimensões com que o esporte se apresenta na sociedade moderna. Isso ocorre porque ela está muito amarrada às questões de ordem econômica, política e de classes, as quais, em certos momentos, dificultam a leitura das dinâmicas sociais que transcendem a ordem do capital. Exemplos disso são os problemas de natureza intrínseca às relações que os seres humanos constroem no esporte, como emoção, excitação e tensão, elementos que a teoria marxista não consegue explicar a não ser reduzindo os indivíduos ao papel de "marionetes" sociais.

Importante!

É preciso ter cuidado para não "forçar" o uso de um referencial teórico, pois isso pode limitar a leitura do fenômeno esportivo.

É evidente que, quanto mais convicto estiver o pesquisador do uso de determinado referencial, maior será a probabilidade de que as relações entre teoria e empiria sejam satisfatórias e possíveis, bastando apenas um poder de síntese e de retórica para concatenar as informações. Entretanto, adotar essa conduta vai de encontro à ideia de artesania intelectual, que pressupõe reconhecer e selecionar as teorias que melhor se aplicam à leitura do objeto.

Verificadas as especificidades da teoria marxista para o estudo do esporte, avançamos para o referencial de Norbert Elias, que, por meio de sua teoria, busca avaliar aspectos sociais importantes por intermédio do fenômeno esportivo. Para tanto, ele introduz o **problema sociológico das emoções** e rompe com algumas dicotomias presentes na teoria social clássica, adotando um método de análise que busca compreender a sociedade de maneira conjunta ao indivíduo. Essa hibridização se deve à crença de que não faz sentido pleitear a existência de uma das dimensões em contraposição à outra.

3.3 Teoria do processo civilizador

A teoria que será apresentada nesta seção está entre as mais utilizadas no âmbito dos estudos sociológicos de longo alcance. Embora desenvolvida na década de 1930, a potencialidade de tal teoria ainda fundamenta pesquisas em diversas áreas do conhecimento, sobretudo das ciências humanas e sociais. O que fez com que esse modelo de análise sociológica transcendesse o tempo e passasse a ser utilizado até hoje? O fato de que se trata de uma teoria geral da sociedade de longo alcance, assim como a teoria marxista. No entanto, essa segunda teoria coloca no centro do modelo não o processo macroeconômico, mas as relações e interdependências entre os seres humanos.

Além disso, um dos aspectos que possivelmente ajudaram a aumentar a receptividade da teoria do processo civilizador no campo da educação física foi o reconhecimento ao sociólogo que a criou, pois ele, em seus empreendimentos, destinou parte de seu trabalho a compreender o esporte na sociedade. Mais do que isso, **Norbert Elias** (1897-1990) foi responsável por explicar, pela teoria do processo civilizador, **a gênese do esporte moderno**. Ou seja, ele conseguiu perceber fortes relações da formação do esporte com o processo civilizador inglês, que serviu como ponto de partida para a difusão do fenômeno ao redor do mundo. Ademais, o sociólogo alemão também estendeu suas pesquisas à compreensão do lazer na sociedade, procurando propor um entendimento que transcendesse a polaridade entre tempo livre e trabalho.

Essas são algumas das potencialidades analíticas que consubstanciaram e têm norteado a utilização do referencial teórico de Elias na educação física (Souza, 2014). Além de propor uma teoria geral da sociedade que permite estudar vários objetos e suas diversas correspondências com a sociedade, o sociólogo, ao lado de Eric Dunning, também legou uma série de trabalhos voltados mais especificamente à sociologia do esporte, procurando dimensionar e ler o fenômeno esportivo com base na teoria do processo civilizador e em sua sociologia configuracional.

A teoria do processo civilizador é fruto de uma árdua investigação feita por Elias na década de 1930. Ele buscou delimitar em uma escala de longo prazo as transformações na sociedade ocidental, em específico na Alemanha, na França e na Inglaterra, locais onde viveu e dos quais pôde abstrair as informações para a construção de sua teoria. O produto final da investigação se traduziu em dois volumes de *O processo civilizador:* (1) "Uma história dos costumes" (Elias 2011b) e (2) "Formação do Estado e civilização" (Elias, 1993).

Em linhas gerais, no primeiro livro, Elias dá ênfase à análise das mudanças comportamentais das pessoas durante o processo de desenvolvimento das sociedades, que foi caracterizado por transformações que imprimiram nos indivíduos um código de comportamento, o qual tinha o objetivo de criar um sistema de autocontrole das condutas consideradas não mais civilizadas. Por sua vez, no segundo livro, com base no que foi tecido anteriormente, o sociólogo busca compreender como o Estado, diante de suas dimensões sociopolíticas, foi afetado por essas transformações comportamentais.

A obra completa está dividida em quatro partes, duas em cada livro. Na seção 1 do primeiro volume, Elias se debruça sobre o conceito de *civilização*, verificando como os países europeus o definem ou o entendem. Captadas essas significações, o teórico busca avançar em sua própria compreensão a respeito das alterações dos costumes e dos padrões de comportamento das pessoas ao longo do tempo.

Em síntese, por meio de uma série de fontes, Elias conseguiu perceber que o **desenvolvimento do processo de civilização** começou a se alargar a partir do momento que as pessoas desenvolveram um maior sentimento de vergonha em relação à vida pessoal, bem como um aumento da repulsa à violência. Isso ajudou as pessoas a amadurecerem psicologicamente e a refinarem seu comportamento.

Preste atenção!

A "formação do Estado" foi possibilitada por essas mudanças comportamentais da sociedade. Em tese, o amadurecimento da personalidade dos indivíduos corroborou o processo de autocontrole das pessoas, o que favoreceu a formação do Estado baseado nesse sistema de normatização das condutas sociais. Assim, por meio das relações de interdependência entre diversos grupos sociais, principalmente entre aqueles que detinham maior potencial de poder e de tomada de decisão, começou a se estabelecer um controle estatal que regulamentava e monopolizava um sistema de coerção e monitoramento das pessoas. Um exemplo dessa regulamentação foi a coibição e a repreensão da violência no tecido social.

O processo civilizador permitiu que as pessoas instaurassem em seu comportamento um regime de autocoerção que passou a ser automatizado diante das próprias coerções externas advindas do Estado.

É importante destacar que foi por meio dessas coerções e dos códigos de comportamento mais rígidos postulados na sociedade que os seres humanos sentiram a necessidade de criar mecanismos de externalização dos impulsos que passaram a ser reprimidos ao longo do tempo. Em resumo, com o avanço do processo civilizador, como abordamos há pouco, foi instituído na sociedade um forte sistema de controle e autocontrole dos indivíduos, que repercutiu na proibição de manifestações da esfera emocional nas rotinas de seriedade.

> **Preste atenção!**
>
> A teoria do processo civilizador é uma abordagem secularizada das sociedades ocidentais que demonstra como os agentes sociais, mediante suas cadeias de interdependências, estabeleceram no decorrer do tempo (escala de longo prazo) padrões e códigos de comportamento que buscavam organizar, controlar e normatizar a sociedade.

Dessa forma, como os seres humanos não poderiam manifestar livremente seus sentimentos e impulsos nos ambientes formais da vida, outras atividades foram adotadas e desenvolvidas com o intuito de externalizá-los. Foi assim que cenários alternativos permitiram recriar situações de extravasamento e produção de tensões, em uma atmosfera controlada pelo plano mimético. É nesse sentido que o esporte e as práticas de lazer se mobilizam para atuar como um contrabalanço entre a austeridade das rotinas de seriedade e a liberdade controlada no âmbito do divertimento.

Figura 3.2 Vivências miméticas

De acordo com Elias e Dunning (1992), os sentimentos vivenciados em uma situação recriada no plano imaginário, ou seja, por meio de alguma atividade de lazer ou esporte, têm, em certa medida, afinidades com as emoções que são vivenciadas ou evitadas nas situações reais da vida, como perigos, riscos e ameaças que aviltam a segurança e a integridade dos seres humanos. Todavia, atividades no âmbito imaginário recriam essas condições sem colocar à prova a fragilidade humana.

Assim sendo, se não é mais autorizado superar os adversários pela violência no atual estágio do processo civilizador, no esporte, de forma mimética, é possível vencer sem colocar em risco a vida humana, mesmo nos esportes em que há maior contato físico. Assim, esses ambientes controlados no quadro imaginário permitem gerar tensões e excitações aos indivíduos sem ferir o padrão comportamental instituído nas sociedades modernas.

Preste atenção!

O esporte e o lazer, embora sejam atividades potenciais para ambientes controlados, são repletos de emoções e tensões que conferem aos indivíduos sensações de liberdade e catarse, mesmo nas atividades que também despertam sentimentos antagônicos como ansiedade, medo e desespero.

Dito de outra forma, o esporte e as atividades de lazer serviram como um acordo mimético com o processo civilizador, cujos excitamentos mais efusivos foram reduzidos a atividades de divertimento, tanto no esporte quanto no lazer.

Por fim, na esteira das análises do esporte sob a perspectiva da teoria do processo civilizador, os conceitos de *mimese* e *catarse* são fundamentais. A **mimese** recria os ambientes em que são simuladas as situações de excitamento, ao passo que a **catarse** diz respeito às situações em que estão em jogo emoções muito imersivas ao ponto de gerarem sentimentos de libertação daquilo que estava reprimido. Sob essa ótica é que a função social do esporte pode ser compreendida em sociedades como a nossa, com um alto grau de diferenciação e pacificação (Souza, 2014).

Na sequência, abordaremos mais uma perspectiva teórica de análise do esporte.

3.4 Teoria reflexiva dos campos

Como já mencionado nos capítulos anteriores, Pierre Bourdieu (1930-2002) foi responsável por desenvolver uma teoria reflexiva da sociedade, um modelo teórico que procurava mapear e desvelar, entre outras coisas, estratégias ocultas de dominação e seus impactos na conservação e reprodução das estruturas, principalmente de desigualdade social. Seu quadro teórico-metodológico está fundamentado, principalmente, na estrutura de relação entre campo, *habitus* e capitais, o que evidencia uma lógica de análise que permite contemplar a heterogeneidade do tecido social sem recair em uma explicação subjetivista ou determinista.

No decorrer de sua trajetória acadêmica, Bourdieu se dedicou a estudar diversos espaços de investigação empírica, tais como o campo científico, o campo da arte e o campo educacional (Souza; Almeida; Marchi Junior, 2014).

Apesar de não ter sido investigado mais pormenorizadamente, o esporte foi um dos objetos de pesquisa de Bourdieu, principalmente no livro *A distinção* (Bourdieu, 2008) e nos capítulos "Como é possível ser esportivo?", do livro *Questões de sociologia* (Bourdieu, 1983a), e "Programa para uma sociologia do esporte", do livro *Coisas ditas* (Bourdieu, 1990b). Nessas obras, a rigor, o autor se volta para o desenvolvimento de análises sociológicas do fenômeno esportivo e do corpo, acionando seus conceitos de dominação simbólica, violência simbólica, poder simbólico, capital simbólico e capital corporal.

A fim de compreender o fenômeno esportivo e as relações dos grupos que frequentam esse espaço, a teoria dos campos ajuda a analisar as particularidades dos grupos sociais inseridos nesse cenário. Além disso, ela permite desvelar e interpretar as estruturas do campo por meio da apropriação de recursos analíticos peculiares da teoria. Dessa forma, a compreensão ocorre em uma relação de via dupla entre as estruturas objetivas e as estruturas incorporadas e acumuladas (Bourdieu, 1996). Em outras palavras, a teoria de Bourdieu objetiva uma ligação das disposições construídas (**habitus**) com a quantidade de "fichas" agregadas (**capital**) e com as propriedades que são historicamente construídas (**campo**).

A partir do momento em que, com base em Bourdieu, nos propomos a estudar os campos sociais, na verdade estamos nos preocupando em entender o **jogo das relações entre posições sociais e agentes** – dominantes e dominados – e o modo como essas relações acontecem em um mesmo espaço. Para isso, é preciso reconstruir as estruturas sociais de "campo" a fim de se restituir a cumplicidade ontológica entre a ação individual e as estruturas sociais. Um campo social se apresenta, então, como espaço de lutas onde os agentes são dotados de um total de "fichas" essenciais para alterar ou manter suas posições.

Ademais, quando Bourdieu (1990a) emprega a noção de campo, ele está se referindo a determinado *locus* social no qual há a identificação de estruturas sociais como uma escola, uma faculdade, uma empresa, uma comunidade e assim por diante. Dessa forma, todo campo é um espaço social de disputa, uma estrutura relativamente autônoma em que as relações estão em constante movimento, tentando manter ou reverter suas posições e buscando a legitimidade ou o reconhecimento simbólico de autoridade (Bourdieu, 1990a).

Bourdieu argumenta que em cada campo existem outros subcampos, ou seja, para cada macroestrutura existem microestruturas nas quais a lógica de conflito e de busca por posição legítima está presente. Para compreendermos melhor a estrutura de qualquer campo ou subcampo, é significativamente importante conhecermos o *habitus* partilhado pelos agentes como disposição incorporada. Um campo é formado por uma relação historicamente construída (Bourdieu, 1990a), ao passo que o *habitus* é construído por relações depositadas historicamente no agente (Bourdieu, 1996), o que significa afirmar que a estruturação do campo corresponde à estrutura do *habitus* dos agentes. Esse conceito é central no esquema teórico de Bourdieu e faz as vezes de instância mediadora entre as dimensões objetivas do mundo social e a subjetiva dos indivíduos (Souza, 2010).

Não por acaso uma das pretensões de Bourdieu ao utilizar o conceito de *habitus* é romper com a dicotomia indivíduo/sociedade, muito presente na teoria social clássica e em algumas tendências teóricas contemporâneas, as quais orientam e apontam a análise ora para o indivíduo, ora para a sociedade (Souza; Marchi Júnior, 2017).

Em suma, o *habitus* é o modo de perceber, de sentir, de fazer, de pensar, de agir que leva o agente a determinadas condutas e não a outras. Assim sendo, se colocarmos dois indivíduos com diferentes *habitus* em uma mesma situação, muito provavelmente cada um apresentará uma solução diferente e mostrará um padrão de comportamento condizente ao seu *habitus* (Bourdieu, 1996).

O terceiro elemento-chave que equaciona a relação entre campo e *habitus* é a noção de **capital**. Um campo social se apresenta como um espaço de conflitos onde os agentes são munidos de elementos indispensáveis para poderem jogar, manter ou alterar suas posições. Esses elementos são os capitais cultural, econômico, social e simbólico. Dito de outra forma, o capital seria a quantidade de energia específica de que o agente dispõe para entender e jogar o jogo do campo.

No exemplo do campo científico, o capital em disputa é a autoridade científica, ou seja, os pesquisadores que usufruem de uma posição hierárquica superior são justamente aqueles que detêm maior capital científico, apresentando, portanto, maior notoriedade e estima entre os pares. Ademais, mesmo que de forma oculta e (in)voluntária, eles dispõem do volume de capital necessário para ditarem as regras em conjunto com os demais concorrentes do campo (Bourdieu, 1990a).

Na esteira dessa abordagem, e em conformidade com o que apontam Souza e Marchi Júnior (2017), é importante, em um primeiro momento, tratar o objeto de pesquisa como um campo social – isto é, um espaço de conflitos e de busca por posições de reconhecimento e legitimidade. Em seguida, deve-se dimensionar esse campo ou subcampo em relação ao campo do poder. Finalmente, avança-se na análise dos *habitus* dos agentes que fazem parte do campo esportivo (Souza; Marchi Júnior, 2017).

Ao dimensionarmos o esporte mediante os princípios estruturantes da teoria de Bourdieu, poderíamos falar de vários subcampos esportivos, como os do futebol, do voleibol, do xadrez e assim por diante. Outra análise relacional se estabelece ao levarmos em conta o estatuto da distinção que opera no mundo social e que é importante para pensarmos esportes como golfe, tênis, equitação e esgrima, os quais são praticados em espaços reservados e se singularizam por serem práticas controladas, isentas do contato direto com o adversário e com o objeto particular do jogo. Em resumo, são esportes que ocupam uma posição inferior na hierarquia das práticas esportivas, tal como a estruturada no Brasil (Souza, 2010), mas que ainda assim são símbolos distintos que assumem diferentes sentidos para vários públicos (Bourdieu, 2008). Disso surge, segundo a retomada inventiva que Souza (2010) fez da teoria de Bourdieu, a importância de se pensar um esporte diante de outros esportes, até mesmo para avançar no tratamento de como as práticas esportivas expressariam ou não os *habitus* dos agentes e as lutas no espaço social mais amplo por prestígio e por reconhecimento.

Até aqui apresentamos resumidamente algumas teorias que circunscreveram a modernidade como período de análise, concentrando-nos mais nos problemas sociais do que na temporalidade propriamente dita, ainda que o contexto histórico tenha sido levado em conta, principalmente nas análises de longo prazo de Elias e Marx. Contudo, o último bloco de teorias que apresentaremos tem preocupação profunda com a demarcação de um contexto temporal que transcende a modernidade. Trata-se de teorias, especialmente a pós-moderna, que atribuem primazia ao movimento de descontinuidade histórica sobre o movimento de continuidade.

3.5 Teorias da pós-modernidade e da globalização

Apresentada uma série de teorias vincadas no contexto moderno, agora traremos à exposição os modelos analíticos da sociedade pós-industrial, ou melhor, as teorias da pós-modernidade e da globalização, que têm por objetivo destacar uma nova sociedade que é organizada sobre novas demandas sociais que potencialmente também alteram as bases sociais do esporte e, nesse sentido, seu tratamento teórico. Sob esse pano de fundo é que buscamos apresentar a pós-modernidade e a globalização, a fim de elucidar suas essências e potencialidades para o estudo do esporte.

De acordo com Pimentel (2010), o termo *pós-modernidade* apresenta dois sentidos: um substantivo, que compreende as mudanças da atualidade – tais como a globalização e as novas tecnologias; e outro adjetivo, que está relacionado às ideias, aos agentes, aos pensadores e aos intelectuais pós-modernos. Dessa forma, o pós-modernismo seria a ciência produzida por pensadores contemporâneos sobre os aspectos éticos e estéticos da sociedade globalizada voltada à cultura, à ciência, à filosofia e à política.

A **teoria da pós-modernidade** carrega consigo igualmente – assim como mencionamos nos capítulos anteriores – o benefício de trazer à tona objetos que até então eram pouco explorados no âmbito da pesquisa, possibilitando, assim, novos olhares, bem como colocando em xeque as normas acadêmicas – sobretudo as formuladas sob o prisma das ciências modernas e das "grandes narrativas". Outro ponto fundamental para a teoria pós-moderna diz respeito ao contato direto com o objeto de pesquisa, ou seja, o pesquisador deve observar de dentro, do interior de seu estudo, de modo a descrever fidedignamente os tremores reais do campo.

Como ressalta Pimentel (2010), cabe ao explorador verificar os pequenos atos, as tramas sociais inerentes àquele contexto, os breves instantes e todos os momentos que, à primeira vista, talvez não se apresentem como significantes ao pesquisador.

Contudo, analisando diretamente a relação entre pesquisador e objeto de pesquisa, algumas categorias, ainda pouco esmiuçadas, emergem para facilitar a observação dos fenômenos socioculturais, como destaca Pimentel (2010). Para o autor, "Ludismo, ética da estética, teoria erótica, socialidade, tribalismo, enraizamento dinâmico, nomadismo, sensibilidade teórica" são algumas das categorias possíveis de serem utilizadas e exploradas para a compreensão dos acontecimentos da atualidade, como a "cibercultura, a espetacularização da vida cotidiana em *reality shows*" e "a volta da busca por aventura na natureza" (Pimentel, 2010, p. 166).

Além dessas categorias, outro fator relevante para a compreensão da realidade, sob o crivo teórico pós-moderno, é a dimensão de inovação social no campo dos relacionamentos. Não por acaso essa proposta teórica confere suma importância ao trato de laços interpessoais como amizade, namoro, grupo de estudo, casamento ou tribos que compartilham da mesma prática esportiva e mantêm relação com as práticas corporais mediante um monitoramento crítico e criativo, sobretudo no contexto da sociedade global mediada pelas tecnologias de interação virtual.

Ademais, embora essas manifestações culturais não estejam isentas da lógica da apropriação mercadológica, elas não se reduzem a isso. Alguns grupos, a exemplo dos que estão envolvidos em práticas corporais relacionadas intimamente à natureza, impõem novos significados e uma nova ética ao que consomem. Dessa forma, cabe ao pesquisador observar essas novas aderências no campo, procurando se livrar de preconceitos, pois os objetos recortados para análise no contexto da sociedade global e pós-moderna são repletos de inventividade e novos dinamismos.

São significativas as contribuições da teoria pós-moderna para se analisar os mais variados objetos, inclusive o esporte. Contudo, assim como ocorre em outras teorias, essa não se encontra isenta de tensionamentos e críticas.

Preste atenção!

Uma crítica primária feita aos autores pós-modernos é a suposta ingenuidade da generalização que muitos levam a cabo em suas pesquisas (Húngaro; Patriarca; Gamboa, 2017).

De acordo com Húngaro, Patriarca e Gamboa (2017), os pesquisadores pós-modernos tratam a modernidade como um aglomerado homogêneo, sem identificar cisões, conflitos e embates sociais e teóricos em seu entorno, de modo que muitos dos elementos apresentados como novidade social no cenário pós-moderno não estariam ausentes em uma ordem moderna.

A **teoria da globalização** está diretamente associada às questões atuais, ou seja, ela busca elementos da atualidade cosmopolita e transnacional para explicar a realidade ou mesmo se fazer existir. Como exemplo, na área de educação física e no âmbito dos estudos sociológicos do esporte, podemos citar os megaeventos esportivos – avatares do movimento de globalização econômica e cultural no campo dos esportes –, os quais movimentaram o cenário socioesportivo brasileiro na última década – a denominada **década esportiva** (2007-2016) – e aqueceram as pesquisas em diferentes frentes investigativas.

Figura 3.3 Megaevento esportivo (Rio de Janeiro)

Petr Toman/Shutterstock.com

Além dos eventos principais – a Copa do Mundo FIFA[1] de 2014 e os Jogos Olímpicos de Verão de 2016 –, outros eventos de grande magnitude também ocorreram nesse período, com destaque para o Campeonato Sul-Americano de Atletismo (2007), os Jogos Pan-Americanos e Parapan-Americanos (2007), Campeonato Mundial de Meia Maratona (2008), Campeonato Mundial de Handebol Feminino (2011), Campeonato Mundial de Judô (2013) e Copa das Confederações (2013). Outros eventos de modalidades esportivas não tão consagradas, como *skate*, surfe e *mixed martial arts* (MMA), além dos Jogos Mundiais Indígenas (2015) e dos Jogos Mundiais Militares (2011), foram evidenciados nessa época, contribuindo para dar maior visibilidade ao

---

[1] FIFA: Fédération Internationale de Football Association (Federação Internacional de Futebol).

cenário das múltiplas modalidades esportivas no país (Spaggiari; Machado; Giglio, 2016). Isso indicou uma nova configuração sociopolítica, econômica e cultural, ou uma nova "modernidade-mundo", conforme definem Ianni (1992) e Ortiz (1994).

Com o advento dessa nova configuração social marcada especialmente pela desterritorialização do espaço, agora globalmente interligado do ponto de vista econômico e cultural, vemos que o esporte não só pode como deve ser repensado em termos de sua conformação como fenômeno social relevante e mundializado. Nesse sentido, o esporte como um grande mercado distribuído globalmente já não pode ser devidamente lido com base nas categorias nacionalistas, sendo necessário então mobilizar outros aportes teóricos para se interpretar as ações e os interesses que ele envolve.

Ainda com relação aos megaeventos esportivos, é possível perceber que as próprias formas de consumo associadas a tais eventos se intensificaram nas últimas décadas, beneficiando-se consideravelmente do desenvolvimento de um campo midiático internacional de alcance global que redefiniu fronteiras e suprimiu o tempo. Isso, de fato, induziu a uma **padronização cultural do esporte** à medida que os produtos e marcas se universalizavam, que formas de torcer internacionais se difundiam e que esportes antes restritos a determinados nichos nacionais passavam a fazer parte de uma agenda global no campo esportivo.

Pense a respeito

No momento atual, seria possível pensar o esporte desvinculado de uma realidade mundial mais ampla?

Toda essa dinâmica consumista, por sua vez, está imbricada no processo de globalização, que permitiu que as pessoas tivessem maior acesso àquilo que é colocado para o consumo nos seus mais diferentes segmentos. Além do consumo, o processo de informação acelerado, graças ao desenvolvimento tecnológico globalista, incutiu na sociedade uma rápida comunicação e disseminação das informações, o que possibilitou às pessoas, assim, ter contato com diferentes práticas esportivas (algo que não ocorria antes).

Por fim, é possível afirmar que tanto os modelos analíticos pós-modernos quanto os tangenciados pela ótica da globalização podem trazer contribuições para a leitura do esporte e dos demais objetos do campo da educação física. Todavia, deve-se considerar que a necessidade de demarcar uma temporalidade precisa pode acabar levando a ignorar fatos históricos sociais do objeto que, em grande medida, também ajudam a compreender a evolução ou as mudanças de longo prazo associadas ao fenômeno.

Preste atenção!

Os modelos teóricos mais recentes também precisam ser lidos com base em construções históricas para que se compreendam as mudanças de longo prazo.

Síntese

Categoria	Significado	Exemplo
Teoria do jogo	Obras de cunho teórico que ajudam a compreender o jogo e sua relação com o mundo social.	As obras de Johan Huizinga (*Homo Ludens*) e de Roger Caillois (*Os jogos e os homens: a máscara e a vertigem*).
Agôn	É a característica dos jogos que estimula a forte competição entre os agentes.	Esportes competitivos: futebol, lutas, tênis de mesa, xadrez etc.

(continua)

(continuação)

Categoria	Significado	Exemplo
Alea	Jogo em que predomina a sorte, ou seja, em que o jogador não é responsável pelo resultado.	Loterias, corrida de cavalos, cassinos etc.
Mimicry	Jogos considerados de interpretação ou encenação (imitação, mimetismo).	Teatro, rituais, carnaval, brincadeiras entre crianças etc.
Ilinx	Jogos que estimulam a vertigem. Situações que recriam momentos de forte tensão e sensação de desequilíbrio do corpo.	Esportes radicais de aventura ou velocidade: skate, mountain bike, bungee jump, wingsuit, paraquedismo etc.
Materialismo histórico--dialético	Corresponde aos encaminhamentos teórico-metodológicos e políticos que orientam e fundamentam a forma marxista de compreender os problemas sociais.	Os estudos de dominação ideológica do esporte. A prática esportiva e sua relação com o sistema capitalista.
Processo civilizador	Teoria que apresenta as mudanças comportamentais dos indivíduos durante o processo de desenvolvimento das sociedades.	A importância do esporte no processo de civilização das sociedades europeias. O esporte como mecanismo regulador entre as tensões das rotinas de seriedade e as tensões dos divertimento.
Mimese	Situações simuladas no quadro imaginário que podem recriar ou reproduzir momentos de tensão-excitação.	Confrontos miméticos como os esportes de oposição em geral, bem como os jogos e as brincadeiras de criança.
Tensão--excitação	Sentimentos e emoções vivenciados em atividades do cotidiano, assim como nas atividades de lazer e esporte. Nestas últimas, no entanto, a tensão e a excitação são liberadas em maior grau de intensidade e de liberdade.	Esportes em geral (voleibol, alpinismo, *rafting* etc.) e toda atividade que tenha relação com lazer e divertimento (teatro, concerto, cinema, pesca, caça etc.) que permita a profusão de sentimentos/emoções.

(conclusão)

Categoria	Significado	Exemplo
Campo	É o conceito utilizado por Bourdieu para discriminar os espaços sociais. O campo é um lugar de lutas e conflitos, onde os agentes disputam posições de dominância.	Campo científico, campo artístico, campo esportivo, campo educacional etc. No interior dos campos pode haver também subcampos. Dentro do campo esportivo, por exemplo, há os subcampos do futebol, do voleibol, dos esportes eletrônicos etc.
Habitus	São as disposições que determinam as formas de se perceber, sentir, fazer, pensar e agir que levam o agente a determinadas condutas dentro do campo.	O *habitus* esportivo. Os tipos de disposições que determinam o *habitus* dos esportistas. Por exemplo, o *habitus* de quem pratica basquete é diferente do *habitus* de quem faz atletismo.
Capital	Os capitais seriam os elementos dos quais os indivíduos dispõem dentro de um campo e pelos quais disputam.	Capital econômico, capital social, capital político, capital científico, capital esportivo (futebol, voleibol etc.), capital corporal (fisiculturismo) etc.
Pós-modernismo	Teoria que defende que as sociedades avançaram da modernidade para a pós-modernidade, dada a transição da sociedade industrial para a sociedade da informação e da tecnologia.	A discussão de novos temas, como a esportivização dos jogos eletrônicos e as novas formas de lazer, proporcionada pelas atuais tecnologias.
Globalização	Teoria que aborda a conexão das sociedades ao redor do globo em função do rápido processo de disseminação das informações e do desenvolvimento tecnológico.	Estudo dos megaeventos esportivos (Jogos Olímpicos e Paralímpicos, Jogos Pan-Americanos, Copa do Mundo FIFA etc.)

▌ *Indicações culturais*

Livro

HUXLEY, A. **Admirável mundo novo**. São Paulo: Biblioteca Azul, 2014.

A obra de Huxley, embora escrita em 1932, traz elementos que nos fazem refletir sobre a configuração atual da sociedade e suas ambiguidades. Aliás, é possível traçar paralelos com o que foi escrito na época, sobretudo no que se refere aos efeitos colaterais do capitalismo como formação social que oscila entre o desenvolvimento científico-tecnológico e o controle dos indivíduos.

Música

PITTY. Admirável chip novo. Intérprete: Pitty. In: PITTY. **Admirável chip novo**. Rio de Janeiro: Deckdisc, 2003.

Como uma espécie de adaptação pós-moderna do clássico de Huxley, a música em tela, da cantora e compositora Pitty, apresenta elementos que remetem a um estágio avançado da sociedade no qual há uma aproximação substancial dos seres humanos às tecnologias. Essa relação é tão intensa que parece que os indivíduos estão programados a um sistema ou hibridizados, o que realça que nada é orgânico – como a própria letra aponta. Ademais, o sistema dessa nova sociedade é tão forte ao ponto de, muitas vezes, parecer difícil realizar rupturas com ele. Todavia, há momentos de escape desse sistema pela expansão da reflexividade social, sendo talvez a própria música e seu alcance uns dos indícios dessa dinâmica.

▌ *Atividades de autoavaliação*

1. Assinale a alternativa correta referente à teoria marxista.
    a) A teoria marxista não está presente na agenda de pesquisadores e estudiosos da educação física, sendo restrita, somente, a outras áreas de atuação.
    b) A economia é a única esfera capaz de explicar o caráter endêmico das desigualdades sociais.

c) Assim como outros autores considerados clássicos, Marx dedicou-se a estudar os fenômenos esportivos e suas implicações no tecido social.
d) A teoria marxista, entre outros aspectos, não apresenta intencionalidade na explicação de questões dos planos emocional e afetivo atreladas ao esporte.
e) Marx, entre outros, apresentou o desenvolvimento do neoliberalismo com base no seu entendimento de evolução da sociedade.

2. Analise as assertivas a seguir e assinale V para as verdadeiras e F para as falsas.

( ) Um campo social é marcado por relações conflituosas entre agentes dominados e dominantes, ou seja, entre aqueles que tentam conservar a lógica da estrutura e os que procuram reverter esse sentido.
( ) Pós-modernismo é a ciência fundada por pesquisadores contemporâneos, referente aos aspectos éticos e estéticos, voltada à cultura, à ciência, à filosofia e à política.
( ) A teoria da globalização busca elementos na sociedade cosmopolita para se explicar ou se fazer existir.
( ) O *habitus* é construído por relações familiares, escolares, amizades, entre outras, que são depositadas historicamente nos indivíduos.
( ) O capital econômico é o elemento mais representativo dentro do campo acadêmico-científico.

Agora, assinale a alternativa que apresenta a sequência correta:

a) V, F, V, F, F.
b) V, F, V, V, F.
c) V, V, V, V, F.
d) V, V, F, F, F.
e) F, V, F, F, F.

3. Assinale a alternativa correta referente ao jogo.
   a) No decorrer da história, o jogo sempre teve poucas relações com o mundo social e seus desdobramentos.
   b) As dimensões propostas por Roger Callois não aparecem simultaneamente em um mesmo jogo.
   c) Os jogos, em determinados momentos, podem causar instabilidade ou tensão, seja para os espectadores, seja para os competidores.
   d) Segundo o historiador Johan Huizinga, o jogo não é uma prática que se manifesta antes mesmo da concepção de cultura.
   e) De acordo com Roger Caillois, o jogo pode apresentar elementos compatíveis ao que se espera de uma civilização considerada em estágio moderno.

4. Analise as assertivas a seguir e assinale V para as verdadeiras e F para as falsas.
   ( ) A seleção de uma teoria deve ser feita de maneira aleatória.
   ( ) Vigilância epistemológica é um ato fundamental para o pesquisador.
   ( ) Nas pesquisas sociológicas, é essencial ter uma apropriação sobre os processos teóricos-metodológicos para, assim, atenuar descuidos durante a realização da pesquisa.
   ( ) A melhora na qualidade da produção científica passa diretamente pelo processo de artesania intelectual.
   ( ) Em um sentido lato, as teorias sociológicas apresentam limitações.
   Agora, assinale a alternativa que apresenta a sequência correta:
   a) V, F, V, F, V.
   b) V, F, V, V, V.
   c) F, V, V, F, V.
   d) V, V, F, F, V.
   e) F, V, V, V, V.

5. Marque a alternativa que apresenta a informação correta:

   a) Norbert Elias e Eric Dunning analisaram o fenômeno esportivo com base na perspectiva da globalização e da pós-modernidade.

   b) Do ponto de vista da sociologia reflexiva, os conceitos de *campo* e *capital* são os elementos fundantes da análise do esporte.

   c) A teoria do processo civilizador e a sociologia reflexiva são o núcleo do trabalho proposto por Norbert Elias.

   d) Entre as principais teorias propostas por Pierre Bourdieu para o estudo dos problemas sociológicos, destaca-se o materialismo histórico-dialético.

   e) Mimese, catarse, capital, campo e *habitus* são conceitos trabalhados na teoria bourdieusiana.

■ *Atividades de aprendizagem*

Questões para reflexão

1. Com base na leitura deste capítulo, reflita sobre a forma como os esportes elitizados reforçam os sistemas de dominação.

2. Com o processo de globalização, há uma tendência crescente de padronização dos comportamentos esportivos. Como você identifica isso no futebol?

Atividade aplicada: prática

1. Considerando o campo esportivo brasileiro na atualidade, tente estruturar as diversas práticas esportivas que compõem seus subcampos.

Capítulo 4

Categorias sociológicas para análise do esporte – Parte I

Para analisarmos o esporte na sociedade, podemos utilizar, além das teorias sociológicas apresentadas no capítulo anterior, as categorias sociológicas. Categorias são conceitos que geralmente se relacionam a uma teoria, mas que, sozinhos, também têm potencial para explicar fenômenos sociais complexos, como é o caso do esporte. Elas são especialmente úteis para qualificar análises pontuais de acontecimentos, podendo auxiliar na resposta das questões sociológicas apresentadas no Capítulo 1. Há uma significativa quantidade de categorias sociológicas que podem ser utilizadas na análise e interpretação do esporte, entre as quais selecionamos sete para este capítulo e outras sete para o Capítulo 5. Assim, neste capítulo abordaremos a dominação ideológica, a resistência, a diversidade, a inclusão social, a secularização, a racionalização e a globalização.

4.1 Dominação ideológica e resistência

As categorias *dominação ideológica* e *resistência* têm origem na teoria marxista. Como demonstramos anteriormente, trata-se de uma crítica ao sistema capitalista, segundo a qual este se estrutura de tal forma que o Estado é um instrumento dos mais ricos (burguesia) para continuar oprimindo os mais pobres (classe operária) e seguir dominando os meios que produzem a riqueza na sociedade – naquele período histórico, especialmente as fábricas. No entanto, como isso acontece?

Para o filósofo Louis Althusser (1974), a dominação pelos mais ricos não acontece somente porque eles são os donos das fábricas, mas especialmente porque a ideologia dominante faz com que suas relações sejam vistas de maneira natural e continuem da mesma forma. Em uma perspectiva crítica, a **ideologia** é entendida como um conjunto de ideias e formas de perceber o mundo que é passado pela família, pela igreja, pela escola e por outras relações sociais durante a vida, o que acaba definindo para o indivíduo o que é certo ou errado, ou como as coisas funcionam.

Importante!

Dominação ideológica é a categoria que aborda como as nossas ideias sobre o funcionamento da sociedade são influenciadas pelas lógicas dos sistemas em que estamos inseridos (podemos pensar no sistema capitalista, mas também nos sistemas religioso, escolar, político e esportivo), os quais, com frequência, mantêm as relações nas mesmas posições, beneficiando aqueles que têm mais recursos e não permitindo que os dominados tenham essas mesmas condições.

Por exemplo, podemos considerar como parte da ideologia que rege o sistema capitalista o conceito de *meritocracia*, segundo o qual as pessoas precisam se esforçar para conquistar melhores condições de vida e, se não as alcançarem, é porque não se esforçaram o suficiente – em síntese, o mérito alcançado depende do quanto você se esforça. Embora essa noção seja comum e geralmente aceita, poderíamos utilizar as seguintes questões sociológicas para colocá-las em xeque:

- De qual esforço estamos falando (basta acordar cedo todos os dias e trabalhar o dia todo)?
- Será que, por mais dedicada que uma pessoa de classe baixa seja, ela conseguirá sozinha chegar a cargos de liderança?
- Será que essa pessoa teve oportunidades na vida para saber se relacionar e ter todo o conhecimento técnico necessário para conversar com o dono da empresa?
- Será que ela teve o apoio da família na escola, com o auxílio dos pais nas tarefas de casa, acesso e incentivo a livros para buscar novos conhecimentos?
- Quais foram as condições de alimentação, transporte, segurança, material didático e outras estruturas a que teve acesso durante sua vida?

Pense a respeito

Por que a lógica do "não se deve dar o peixe, é preciso ensinar a pescar" é dirigida às pessoas economicamente mais pobres, mas não àqueles que se beneficiam da riqueza e das redes de relações acumuladas por suas famílias?

Nas sociedades capitalistas, a noção de *meritocracia* geralmente se aplica às pessoas mais pobres, como se a pobreza fosse resultado da falta de esforço dos menos abastados em vez do resultado de uma série de condições sociais que não permitem as mesmas oportunidades para todos. Isso se acentua quando são utilizadas histórias de pessoas pobres que ficaram milionárias, como se isso pudesse ser aplicado a qualquer um. Por sua vez, as pessoas mais ricas, por vezes, sequer se dão conta dos seus privilégios e de como algumas de suas condições facilitam a acumulação da riqueza. Saber se portar em reuniões e estabelecer relações com pessoas que também têm boas condições financeiras tende a facilitar o estabelecimento de negócios e o acesso a recursos que outras pessoas teriam mais dificuldade em alcançar.

Por causa dessas "certezas" geradas pelas ideologias, geralmente não paramos para pensar por que as coisas são assim ou como elas poderiam ser diferentes. Dessa forma, isso gera uma aceitação da ordem social, o que beneficia a burguesia – que está em uma condição social favorecida – e continua prejudicando o proletariado – que continua em uma posição dominada. Por isso, há uma intenção de esclarecimento dos proletários para que eles ajam na mudança dessa ordem social (Althusser, 1974).

Nesse contexto, ainda podemos citar a existência de vários aparelhos ideológicos que acabam por assumir uma tomada de posição, muito por conta de interesses implícitos que têm forte influência na disseminação de ideologias e/ou formas de dominação. Um exemplo marcante nos dias atuais é o papel da indústria cultural e dos meios de comunicação de massas – *mass medias*.

Entretanto, não é sempre que a dominação ideológica é unânime, ou seja, nem sempre as pessoas são simplesmente dominadas. É nesse sentido que trazemos a segunda categoria, a resistência.

Como o próprio significado do termo indica, **resistência** é atuar contra, se opor ou segurar a direção de determinada força. Quando trazemos esse conceito para uma categoria sociológica, pensamos em ações que simplesmente não se conformam com algum ato ou decisão, geralmente tomado por alguém em uma posição de poder.

A resistência pode se manifestar de forma bastante visível, mediante greves, protestos, passeatas, manifestações físicas ou verbais, assim como de formas menos óbvias, como quando as pessoas se mostram indispostas a seguir determinada ordem, agindo de maneira lenta ou até mesmo fazendo o contrário do que se espera (Hollander; Einwoher, 2004). Ela acontece em inúmeras relações – podemos aqui pensar na "birra" que a criança faz para os pais quando não quer comer, quando os alunos não fazem a tarefa de casa passada pelo professor, quando um funcionário faz sua tarefa sem muito empenho ou quando o jogador não cumpre as indicações táticas do técnico em uma equipe de esporte coletivo. Algumas vezes, a pessoa pode não perceber que está sendo resistente a determinada situação, ou seja, ela não tem uma intenção consciente de se opor. Embora seja difícil saber quão consciente as pessoas estão ao agir de maneira resistente, essa ação pode atrasar processos, afetando a instituição (no caso do trabalho), as outras pessoas (no caso da equipe esportiva) ou elas mesmas (no caso da escola e da família).

Importante!

Resistência é a categoria que aborda como posicionamentos, que podem ser evidenciados em ações explícitas ou mais discretas, demonstram a insatisfação contra atos ou decisões tomadas por outras pessoas.

Como as categorias *dominação ideológica* e *resistência* se relacionam com o esporte?

Na linha marxista tradicional, o esporte é entendido por Althusser (1974) como um dos possíveis meios utilizados pelo Estado para reforçar as dominações ideológicas, especialmente como estratégia de alienação – ou seja, tirar o foco das pessoas dos reais problemas sociais por meio de distrações.

A **alienação pelo esporte** é percebida, principalmente, por meio de grandes competições que, com frequência, buscam ser mais do que um jogo, isto é, desejam ser um verdadeiro espetáculo. Podemos citar como exemplos os Jogos Olímpicos, a Copa do Mundo FIFA e os eventos esportivos, principalmente os das ligas norte-americanas, como o Super Bowl (jogo final do campeonato de futebol americano) e a NBA – National Basketball Association (liga de basquete dos Estados Unidos).

Preste atenção!

Com relação ao campo político, podemos refletir sobre como Adolf Hitler, líder da antiga Alemanha nazista, utilizou os Jogos Olímpicos de 1936, sediados em Berlim, como estratégia de propaganda daquilo que ele entendia como "superioridade da raça ariana". Hitler via nas competições esportivas a possibilidade de evidenciar a superioridade branca, mais especificamente a alemã, diante de outros grupos, especialmente judeus e negros. Mostrando como essa ideologia estava equivocada, a vitória do atleta estadunidense Jesse Owens, que era negro, na final dos 100 metros se tornou um dos momentos mais marcantes na história do evento.

Pense a respeito

Busque imagens e vídeos relacionados aos Jogos Olímpicos de 1936 e repare na presença de bandeiras com a suástica, símbolo do governo de Hitler. Essa é uma forma de utilizar o esporte com o propósito de difundir uma ideologia.

Usos políticos do esporte por parte de países continuam acontecendo em todo o mundo, inclusive no Brasil. De acordo com alguns pesquisadores, políticos que ocupavam cargos de liderança no período da ditadura se utilizaram da conquista da seleção brasileira na Copa do Mundo FIFA de 1970 como estratégia de alienação. Enquanto as pessoas que resistiam àquele sistema de governo sofriam grande repressão, os governantes tentavam comparar a vitória no futebol ao potencial do país para se tornar vitorioso.

Também é válido ressaltar que nem sempre os atletas são meros "fantoches" que somente participam de competições e não se envolvem em questões políticas. Como exemplo, podemos citar o caso dos jogadores de futebol de diferentes equipes que se uniram para criar o chamado *Bom Senso Futebol Clube* para negociar direitos e melhores condições com a Confederação Brasileira de Futebol (CBF), instituição reguladora do futebol no Brasil e detentora dos direitos econômicos dos campeonatos nacionais. Em alguns momentos, o grupo mostrou resistência mediante ações visíveis, como em postagens em redes sociais, faixas nos jogos e até mesmo em demoras para se iniciar uma partida.

Outro grupo de resistência que se constituiu no futebol foi parte do movimento "Democracia Corinthiana" na década de 1980, quando alguns jogadores da equipe paulista atuaram para que o clube fosse democrático, tendo jogadores, comissão técnica e funcionários direito a voto nas decisões do clube. Além de resistência e superação dos modelos tradicionais de gestão, nesse período também o time se caracterizou pela resistência política ao período ditatorial, utilizando frases a favor da democracia nas camisas utilizadas durante os jogos.

De outro exemplo mais recente você provavelmente se lembra: as manifestações populares que aconteceram perto da Copa das Confederações da FIFA em 2013. Embora as insatisfações não fossem só relacionadas ao esporte, a proximidade do evento possibilitou deixar clara a insatisfação de muitas pessoas com os recursos públicos que vinham sendo gastos, especialmente com a construção de estádios de futebol. Para algumas pessoas, o Brasil sediar a Copa do Mundo FIFA fazia parte da dominação ideológica, especialmente por elas entenderem que o Brasil teria outras necessidades que não a "alienação" mediante um espetáculo esportivo. Ao mesmo tempo, outras pessoas não eram contra a Copa do Mundo propriamente dita, mas mostravam resistência aos benefícios públicos que a FIFA tinha recebido, ou ainda às formas de gerenciamento dos recursos públicos.

Importante!

Duas categorias sociológicas podem ser utilizadas para explicar diferentes pontos de vista de uma mesma situação!

Com base nesse último exemplo, em que duas categorias diferentes podem ser utilizadas para pensar uma mesma situação, deixamos claro que as categorias não são concorrentes – não há "melhor" ou "pior". Na verdade, elas servem como suporte para as análises, sem que exista uma certa e outra errada. Há, na verdade, aquelas que são mais pertinentes a determinada interpretação que damos a uma situação-problema. Isso significa que essas mesmas situações apresentadas poderiam ser analisadas com base em outras categorias, as quais veremos na sequência.

Pense a respeito

Pesquise na internet outros casos de dominação ideológica e resistência no esporte (recentes e antigos).

4.2 Diversidade e inclusão social

Diversidade é um termo relativamente comum em nosso cotidiano. Ela se refere à não existência de uma mesma característica para todos. Ao adotarmos o termo para nos referir a uma categoria sociológica, geralmente queremos transmitir que as pessoas não têm as mesmas características entre si. Isso engloba os **traços físicos** (cor da pele, do cabelo, dos olhos, altura, biótipo, proporção de gordura e músculos no corpo etc.), os **elementos culturais** (idioma, hábitos, formas de alimentação, vestuário etc.) e os **elementos sociais** (formas de se relacionar e conviver, regras a serem seguidas, modos de comportamento etc.).

Entre essas características, existem algumas que chamam a atenção da sociologia, em especial porque são elementos que fazem com que as pessoas sejam excluídas ou discriminadas socialmente (Coakley, 2009). Destacam-se nesse âmbito as discriminações étnicas (racismo é o mais comum, mas também há a xenofobia, ou seja, preconceito contra estrangeiros), religiosas (intolerância religiosa), de gênero (mulheres, homossexuais e transexuais) e de habilidades (contra idosos e pessoas que são tachadas como "deficientes", quando na verdade possuem diversos graus de habilidades).

Preste atenção!

No Ocidente, um exemplo de intolerância religiosa é a islamofobia, composta por demonstrações de ódio e discriminação contra islâmicos e muçulmanos. Esse tipo de intolerância se tornou mais evidente após o atentado terrorista contra os Estados Unidos em 11 de setembro de 2001.

O termo *diversidade* foi adotado no lugar de *diferença* com base no entendimento de que *diferença* supõe que exista um "padrão", uma referência principal. Nesse contexto, qualquer coisa que não siga esse padrão é considerada diferente e, muitas vezes, acaba sendo excluída. Na categoria *diversidade*, por outro lado, tudo é considerado diverso, sem que exista uma característica assumida como a principal. Por exemplo, quando colonizaram territórios em outras partes do mundo, os europeus, uma vez que usavam a si mesmos como padrão, passaram a encarar os povos nativos dessas terras como diferentes. Se pensarmos bem, também os povos nativos (no caso do Brasil, os indígenas) devem ter considerado os europeus como diferentes, porque eles tinham como referência pessoas semelhantes a si mesmos. Apesar disso, alguns grupos ainda resistem a essa mudança de percepção, manifestando a noção de diferença sob a forma de preconceito.

Importante!

A diversidade é a categoria sociológica na qual as diferentes características pessoais, culturais e sociais não devem ser vistas com base em um padrão ideal. Apesar de evidente pela intensa conexão e pelo intercâmbio de pessoas e informações, a diversidade, por vezes, é a origem de diferentes formas de preconceito.

Atualmente, o trânsito de pessoas no mundo evidencia a diversidade. Isso só foi possível a partir do momento que as pessoas e as informações começaram a circular pelo mundo rapidamente, mediante o processo de globalização (já visto no capítulo anterior como teoria). Embora se tenha concebido a ideia de mundo sem fronteiras, já que surgiu a possibilidade de se viajar, consumir e acessar informações de qualquer país, os acontecimentos históricos indicam que nem tudo se tornou universal e único. Pelo contrário, é possível perceber nesse processo, de maneira evidente, a diversidade entre as pessoas. Em vez de isso ser tomado de maneira negativa, tornou-se imprescindível para a paz e a convivência que as diferenças existentes fossem aceitas e vistas como positivas, pois elas demonstram a riqueza humana e cultural – em outras palavras, traduz-se como diversidade (Ortiz, 2007).

Preste atenção!

Em reconhecimento à diversidade, com a percepção de que nem todas as pessoas se encaixam em "padrões", alguns ramos da indústria têm se apropriado dessa categoria para atingi-las e conquistá-las como público consumidor.

Assim, criam-se produtos e mensagens publicitárias de aceitação do diferente. Nesse sentido, destacam-se os comerciais de produtos de higiene e beleza, que com frequência convidam as mulheres a se aceitarem e se valorizarem como são, em vez de idealizar os padrões de beleza com base em estereótipos de como a mulher "deveria" ser. Para o público masculino, também existem propagandas em que homens devem se permitir demonstrar sua vaidade e seus sentimentos, indo contra as noções tradicionais de que esses tipos de demonstrações estão autorizadas socialmente apenas para as mulheres.

Profissionais de educação física têm um papel social relevante no contexto da estética e devem ficar atentos para não reforçar estereótipos de corpo perfeito ou de um tipo de corpo ideal, tanto para homens quanto para mulheres. Nessa área, há uma recente desconstrução de noções estereotipadas de gênero, como as inseridas nos dizeres de que "Homens não choram" ou que "As mulheres são menos aptas a praticarem esportes e atividades físicas".

A consequência de se reforçar discursos como esses pode ser nociva ao longo da vida das pessoas. Por exemplo, ao reforçar que homens não choram ou não devem mostrar seus sentimentos, muitos atletas e praticantes de esporte e atividades físicas não respeitam os limites dos seus corpos, arriscando se lesionarem por receio de expor a dor que estão sentindo ou de serem tachados no grupo de fracos ou preguiçosos. As mulheres, por sua vez, em sua adolescência, têm mais chances de desistir da prática esportiva que os homens. Algumas das razões para isso são: a visão de que o esporte é uma prática masculina ou a ideia de que elas ficam menos atraentes ao desenvolverem músculos ou ficarem suadas.

> **Pense a respeito**
>
> Assista a vários comerciais de uma marca de produtos esportivos. O que é mais retratado: Homens ou mulheres? Há abordagem da diversidade de gênero? Há uma faixa etária priorizada? Há um grupo étnico mais presente?
>
> Embora as marcas cada vez mais estejam se preocupando com a diversidade de gênero, a étnica e a de geração, é possível que a maioria dos comerciais inclua um homem branco jovem. As características podem variar com base no público-alvo específico da modalidade ou no tipo de produto veiculado na publicidade, mas, de forma geral, você possivelmente terá mais dificuldade em encontrar propagandas com idosos, orientais e mulheres.

Sobre a diversidade étnico-racial, o esporte tende a ser um ambiente de manifestação significativo. É especialmente recorrente o caso de injúrias raciais contra jogadores de futebol, tanto no Brasil quanto no exterior, que costumam gerar significativa cobertura midiática e, frequentemente, multas e punições aos agressores.

No voleibol, em 2011, houve um caso de grande repercussão: torcedores da equipe adversária se manifestaram de maneira homofóbica para intimidar o jogador Michael dos Santos, na semifinal da Superliga nacional. Em apoio ao jogador, sua equipe, o Vôlei Futuro, fez campanhas e uniformes contra o preconceito. Apesar dessa ação, o esporte ainda é visto como um ambiente de preconceito, tanto que são poucos os jogadores que tornam pública sua orientação sexual.

Sobre a diversidade de habilidades, podemos exemplificar com o caso de Oscar Pistorius, único atleta que competiu tanto nos Jogos Olímpicos quanto Paralímpicos, em 2012. Amputado das duas pernas, Pistorius utilizava próteses para competir e seu tempo permitiu que ele participasse do revezamento no atletismo pela equipe de seu país, a África do Sul. Na época, questionou-se até que ponto a tecnologia das próteses poderia beneficiá-lo diante dos demais atletas.

A cada edição, os atletas que participam dos Jogos Paralímpicos têm rendimento significativamente melhor, e em algumas modalidades e para alguns tipos de deficiência, há desempenhos comparáveis aos Jogos Olímpicos. Apesar da diversidade, negros, mulheres e deficientes tendem, também no esporte, a ter menores salários, menos incentivos, menos patrocínios e menor visibilidade na mídia (Coakley, 2009).

Pense a respeito

Busque a lista de atletas mais bem pagos do mundo deste ano. Nessa lista, identifique as seguintes categorias: o gênero, a cor da pele, a modalidade esportiva e o país de origem e de atuação de cada esportista. Você percebe diversidade em quais desses aspectos?

Em conjunto com o termo *diversidade* está a categoria **inclusão social**. Entendendo que existe exclusão, especialmente mediante discriminação de pessoas por causa de algumas características que elas têm, há um esforço para que elas voltem a ser "incluídas".

No Brasil, essa noção ocorre, principalmente, no sentido de inclusão de pessoas com menores recursos financeiros, que acabam não tendo acesso a serviços relevantes ou não conseguindo desfrutar deles por não conseguirem pagar por esses serviços. Dada a limitação financeira, essas pessoas não têm as mesmas condições de convivência e concorrência na vida profissional, ficando excluídas das possibilidades de estudo, trabalho e lazer. Nessa linha, a inclusão social vem para quebrar algumas das "certezas" do sistema capitalista, atuando contra a dominação ideológica que supõe que as coisas são como elas são e não podem ser mudadas, para dar novas experiências e oportunidades para aqueles menos favorecidos.

Além da inclusão social dirigida às pessoas economicamente excluídas, podemos citar também a inclusão dos grupos discriminados mencionados anteriormente. Nas tentativas de inclusão, há tanto ações por parte dos entes públicos quanto por parte de organizações não governamentais (ONGs). Os entes públicos, especialmente sob a forma de políticas públicas no Brasil, promovem ações como a criação de programas de complementação de renda das famílias em situação de extrema pobreza, a criação de cotas em concursos públicos para negros, indígenas e estudantes da rede pública, o estabelecimento de percentuais mínimos de candidatas mulheres nas eleições, a aprovação de leis para garantia de acesso a deficientes e idosos, bem como para punição em casos de racismo e intolerância religiosa.

Embora existam essas ações por parte dos sucessivos governos, nem sempre elas conseguem resolver os problemas que afetam inúmeras pessoas. As ONGs, dessa forma, surgem com o objetivo de cobrir essa lacuna.

As ONGs não são públicas (não fazem parte do primeiro setor, o Estado) nem privadas (como empresas e instituições que visam lucro, do segundo setor), caracterizando-se, portanto, como organizações com funcionamento e propósito distintos dos dois setores anteriores, razão pela qual compõem o chamado *terceiro setor*.

De maneira geral, as ONGs são constituídas por pessoas (parte privada) que têm como objetivo um bem comum (parte pública), atuando especialmente para promover a inclusão social (Szazi, 2006). Instituições desse tipo são criadas por vários atletas e profissionais relacionados ao esporte. São os casos do Instituto Ayrton Senna (criado pela irmã do atleta de automobilismo, após seu falecimento), do Instituto Compartilhar (criado pelo técnico de voleibol Bernardinho), da Fundação Gol de Letra (criada pelos ex-jogadores Raí e Leonardo), do Instituto Reação (do ex-atleta de judô Flávio Canto) e do Instituto Neymar Jr. (que leva o nome do próprio jogador). Em várias outras modalidades e em outros países também existem atletas e equipes que fazem trabalhos semelhantes, sendo comum que o esporte seja a principal atividade para as crianças, junto com outras ações pedagógicas e sociais.

Importante!

A inclusão social é a categoria sociológica decorrente da percepção de que alguns grupos sociais são excluídos, sendo sua função atuar em benefício deles.

No ambiente esportivo, embora a perspectiva de inclusão geralmente seja para grupos excluídos por critérios econômicos, podemos pensar, em conjunto com a categoria *diversidade*, na inclusão de mulheres, deficientes, imigrantes, grupos com diferentes orientações sexuais e pessoas com diferentes níveis de habilidades e capacidades físicas. Nesse sentido, além de identificar quais grupos sociais são excluídos em outros ambientes sociais, também é necessário identificar de que forma a exclusão está presente no esporte.

A inclusão social surge com base na noção de que a exclusão já aconteceu – algo que não é desejável, se queremos uma sociedade mais justa e igualitária. Nesse sentido, as políticas públicas e as ações das ONGs são criticadas por proporem soluções paliativas, ou seja, por apenas agirem na consequência (o problema social da exclusão) e não nas causas, que têm suas origens na **desigualdade social**. Também por essa razão a própria existência das ONGs é motivo de crítica, porque significa que o Estado não foi capaz de cumprir seu papel e permitiu que essas lacunas existissem.

Assim sendo, cabe nesse contexto de análise também visualizar e questionar os possíveis motivos, ou melhor, os elementos sociais estruturantes que deram ou dão origem aos processos de exclusão social.

Pense a respeito

Você consegue pensar em outros casos de diversidade e inclusão social relacionados ao esporte? Aproveite para procurar na internet casos recentes e antigos relacionados ao tema.

4.3 Secularização

Muitas atividades cotidianas antigas tinham uma conotação religiosa, ou seja, a rotina e o entendimento do mundo pelas pessoas estavam relacionados à religião. Nessa perspectiva, podemos pensar não só sobre os povos antigos, que consideravam a chuva, o sol, os ventos e as tempestades como vontades divinas, mas também sobre as práticas na Idade Média, período em que a principal instituição era a Igreja, que estabelecia as regras sociais. Porém, quando as pessoas deixaram de viver isoladas nas fazendas e começaram a viver nas cidades e regiões que posteriormente se tornaram países (Estados nacionais), essa lógica começou a mudar.

Muitas das regras sociais que estabeleciam o funcionamento da sociedade não tinham mais relação com qualquer religiosidade. Por mais que as pessoas tivessem suas crenças, elas já não eram tão centrais para influenciar o dia a dia em sociedade, na convivência e nas relações que eram estabelecidas entre as pessoas. Isso também ocorreu por influência da ciência, que começou a se desenvolver e dar explicações para os fenômenos naturais com base em princípios da química, da física, da astronomia, entre outras ciências. Se antes as pessoas acreditavam que o dia, a noite e as estações do ano eram provenientes da influência dos deuses, passou-se a entender que o planeta Terra tinha os movimentos de rotação e de translação, os quais explicam cientificamente esses ciclos.

Outras influências relevantes foram a intermediação das relações realizadas por meio do dinheiro e, posteriormente, a adoção do capitalismo como sistema. Assim, outros valores e justificativas para a existência começaram a surgir, sendo sua centralidade direcionada ao trabalho e ao consumo no lugar da adoração às divindades, por exemplo. *Secularização* é o termo que representa justamente esse processo de transformação da centralidade do religioso (divino) para coisas mais mundanas, ou seja, seculares (referências não religiosas). Nesse sentido, *secularização* é o oposto de *sacralização*, que é o processo de transformar as coisas mundanas em divinas.

O historiador estadunidense Allen Guttmann (2004) entende que, quando falamos de esporte, devemos fazer uma diferenciação entre as práticas antigas e as práticas modernas. Quando as pessoas pensam nas origens do esporte, elas tendem a se remeter a um passado longínquo, como os Jogos Olímpicos que eram realizados na Grécia antiga, em práticas do Império Romano ou mesmo de jogos praticados por povos indígenas no continente americano. De fato, existem muitas evidências históricas de que esses povos se envolviam em práticas corporais que se assemelhavam ao esporte pelo caráter competitivo, pela existência de regras ou, ainda, por lógicas semelhantes às modalidades esportivas mais recentes.

Entretanto, Guttmann (2004) demonstra que essas práticas antigas tinham como principal diferença o fato de, na verdade, serem rituais relacionados às religiosidades, compondo cultos e ritos. Os Jogos Olímpicos dos gregos também tinham essa característica, sendo realizados em locais vistos como sagrados com o propósito de honrar aos deuses.

No passado, os eventos eram chamados de *Jogos Pan-Helênicos*[1], pois aconteciam em quatro cidades diferentes: Olímpia (Jogos Olímpicos, o mais antigo, desde 776 a.C.), Delfos (Jogos Píticos, desde 582 a.C.), Corinto (Jogos Ístmicos, desde 582 a.C.) e Nemeia (Jogos Nemeus, desde 573 a.C.). Cada evento honrava, respectivamente, os deuses Zeus, Apolo, Poseidon e Apolo.

Pense a respeito

Procure na internet atletas que manifestaram sua religiosidade nos últimos Jogos Olímpicos ou em algum evento esportivo recente. De que forma essa manifestação aconteceu? Como isso foi visto pelas instituições esportivas e pelo público?

O que se entende por esporte moderno não tem essa característica sacralizada. Pelo contrário, seus propósitos de prática são bastante mundanos. Se retomarmos os sentidos e significados que o esporte têm e que foram discutidos no Capítulo 1, perceberemos que as motivações tendem a ser individuais (lazer, bem-estar, saúde, estética, profissão e retorno financeiro) ou sociais (educação, ética e espetáculo), mas não religiosas. Pelo menos esse não é o sentido principal, já que existem manifestações individuais de atletas que agradecem ou dedicam suas vitórias às figuras religiosas de suas crenças. Justamente por essa razão, algumas instituições, como a Federação Internacional de Futebol (FIFA) e o Comitê Olímpico Internacional (COI), proíbem que atletas façam qualquer tipo de manifestação religiosa durante as competições, reforçando a tentativa de manter o caráter secular dos embates esportivos. Essa proibição veio especialmente quando atletas começaram a carregar mensagens religiosas em momentos de grande atenção, como finais de campeonato. Mesmo após

---

[1] Helênico: que está relacionado à Grécia Antiga (território e povo).

a proibição, o jogador de futebol Neymar, por exemplo, utilizou uma faixa na cabeça escrito "100% Jesus" quando foi campeão pelo Barcelona na Liga dos Campeões, em 2015, e quando conquistou a medalha de ouro para o Brasil nos Jogos Olímpicos do Rio de Janeiro, em 2016.

Além disso, é comum ver atletas se ajoelhando e/ou apontando para o céu quando fazem gol, ponto ou saem vitoriosos em uma partida ou competição. Outra situação, que gera ainda mais polêmica, é o uso de véu (hijab) por atletas muçulmanas em competições esportivas internacionais. Algumas instituições justificam a proibição de uso por entender que se trata de mensagem religiosa, ao passo que outras o permitem.

Pense a respeito

Apesar de o esporte moderno ser secular, atletas são, por vezes, idolatrados como se fossem deuses ou como se tivessem poderes sobrenaturais. Por que você acha que isso acontece? Você vê ídolos em outras áreas, como na música, terem esse mesmo tratamento?

Esse tipo de idolatria pode ser encontrado em outras áreas, como na música, no cinema e até mesmo na política. Em certo sentido, há um interesse da própria mídia e dos clubes ou modalidades de promover a imagem de um atleta como detentor de poderes "sobrenaturais", porque isso também gera consumo: interesse nos jogos e competições, venda de objetos, patrocínio e, por consequência, publicidade e mídia para os patrocinadores e as equipes de vínculo do atleta. No entanto, não podemos desconsiderar que as emoções envolvidas no esporte facilitam esse processo de "endeusamento" de atletas.

O processo de sacralização, em oposição ao de secularização, acontece ainda em algumas ocasiões, especialmente pela mídia e por torcedores. É o caso dos atletas que são tomados como "deuses" ou "santos" porque têm um desempenho muito acima da média (fazem coisas fora do comum) ou que atuam de maneira importante em momentos decisivos. Como exemplo, temos os casos do ex-jogador de futebol Diego Maradona, que era chamado de "Deus", principalmente pelos argentinos; do ex-goleiro da Sociedade Esportiva Palmeiras, que foi apelidado de "São Marcos" após defesas "milagrosas" feitas para sua equipe; e o ex-jogador de futebol Ademir da Guia, que tinha "Divino" como apelido.

Não é possível delimitar a origem dessas representações, mas a mídia e os torcedores costumam adotar esses "apelidos" como forma de diferenciação e, como consequência, o fazem para tornar amplamente reconhecível um nome que, uma vez idolatrado, posteriormente pode ser facilmente usado como estratégia de marketing.

Alguns exemplos de atletas que receberam apelidos não divinos, mas dotados da conotação de poderes "sobrenaturais", são *Magic* Johnson (em português, "o mágico" – ex-basquetebolista estadunidense), *El Mago* Valdívia (ex-futebolista chileno); também *El Mago* William (voleibolista brasileiro); e Ronaldo "Fenômeno" (ex-futebolista brasileiro).

Pense a respeito

Você consegue pensar em outros casos em que a secularização se evidencia no esporte? E a sacralização? Aproveite para procurar na internet casos recentes e antigos referentes ao tema.

4.4 Racionalização

Podemos interpretar essa categoria de maneira semelhante ao processo de distanciamento das atividades sociais aos aspectos religiosos, como demonstramos na categoria *secularização*.

Aqui utilizamos como referência o autor alemão Max Weber, que discutiu esse conceito no contexto da Revolução Industrial (ca. 1760-1840), ao entender que as relações sociais e as atividades de produção econômica estavam sendo substituídas por lógicas mais profissionais, que distanciavam as pessoas como indivíduos.

Vejamos um exemplo: quando a maior parte da produção de bens era realizada de maneira artesanal, por indivíduos que atuavam diretamente na extração ou na produção e na venda de cada produto (calçados, roupas, móveis, leite, verduras etc.), existia uma relação pessoal na negociação. Em uma vila, quem precisasse comprar um sapato deveria procurar o sapateiro, que em sua produção se encarregaria de atender à necessidade daquele cliente em específico.

Com a produção em massa, resultado da invenção e da adoção de máquinas que passaram a substituir parte do trabalho manual, essa lógica mudou. Os produtos deixaram de atender uma demanda específica (para uma pessoa) e o processo de produção se tornou mais complexo, em uma relação em que produtores e compradores se tornavam cada vez mais distantes. Hoje, não sabemos quem faz parte da linha de produção dos sapatos que compramos, assim como os produtores não sabem exatamente quem somos. Porém, a produção de uma diversidade de modelos com base no número do calçado permite esse distanciamento.

Além disso, para que a produção siga um volume significativo e utilize poucos recursos de tempo, dinheiro, material e pessoas, as técnicas para produção são cada vez mais otimizadas. Aqui há uma ênfase no quantitativo, na divisão de tarefas realizadas por pessoas especialistas em cada função, e uma constante revisão de como os processos podem ser melhorados (Sell, 2012).

Importante!

A racionalização pode ser entendida como o processo de tornar ações pensadas e planejadas para otimização dos processos (meios) em objetivos predefinidos (fins), em substituição aos processos individuais e individualizados, sujeitos a variações que podem causar desperdícios de recursos.

Há um reconhecimento de que esse processo foi iniciado na Inglaterra, de meados ao final do século XIX, notadamente em decorrência das novas lógicas no trabalho industrial – o taylorismo e o fordismo são sistemas que ilustram bem essa relação.

Nesse sentido, não parece ser coincidência que os esportes modernos tenham sido concebidos com as características que têm atualmente, nesse mesmo contexto. Pensando especificamente sobre a racionalização, Guttmann (2004) entende que essa categoria está representada na existência de regras, principalmente no fato de que regras são criadas e modificadas com o propósito de melhorar a prática de um esporte, ou seja, elas funcionam na lógica de ser o meio para um determinado fim.

Preste atenção!

Fordismo é o termo dado ao sistema de produção em massa criado por Henry Ford, aplicado na indústria automobilística no início do século XX. **Taylorismo** é o sistema de aplicação de ciência na administração criado pelo engenheiro Frederick Taylor para otimização dos processos.

Seguindo raciocínio semelhante àquele apresentado na categoria *secularização* (diferenciar atividades antigas dos esportes modernos), podemos exemplificar as mudanças realizadas para adaptar, por exemplo, a prática da caça às modalidades tiro com arco e tiro esportivo (Guttmann, 2004). Na caça, prática que foi um passatempo significativo especialmente entre a elite inglesa (na Inglaterra e em suas colônias pelo mundo), existem muitos elementos de incerteza: Quem é melhor, aquele que acerta um animal grande com dois tiros ou aquele que precisa de um para acertar um pequeno? É difícil comparar quem é o melhor caçador, pois o comportamento dos animais e as condições naturais não são controláveis. Nesse cenário de incerteza, padroniza-se o "animal" como um alvo de tamanho padrão, a uma distância padrão e com um número de chances igual entre os competidores. Com a finalidade de garantir condições iguais para a prática esportiva, e com possibilidade de comparar os resultados e apontar um vencedor, essas regras são criadas – novamente, um meio para um fim.

Para Guttmann (2004), as modificações acontecem quando a percepção de mais divertimento ou de mais igualdade de condições é maior do que a inércia de seguir com as mesmas regras. Isso vale para jogos em atividades de lazer ou para modificações das regras universais das modalidades esportivas. Como exemplo, podemos citar as mudanças feitas no basquete, quando cada equipe passou a ter 24 segundos, em vez dos 30 segundos anteriores, para finalizar um ataque; as mudanças no voleibol, quando se eliminou a troca de vantagens para tornar o jogo mais dinâmico; e as mudanças no futebol, quando foram adotadas tecnologias para se saber se a bola realmente entrou no gol. Nesses casos, as mudanças de regras universais visam não só à melhoria da qualidade e da dinâmica do jogo, mas também à adaptação às demandas de televisão (como foi o caso do voleibol) e dos patrocinadores (quando são incluídos intervalos e tempo técnico, por exemplo).

Pense a respeito

Escolha uma modalidade esportiva e pesquise as mudanças recentes de regras. Qual é a finalidade dessas mudanças? Como isso mudou a dinâmica de jogo?

Podemos considerar o caso das transformações no voleibol para atendimento das demandas de televisão, em razão das quais houve, por exemplo, mudança no direito de vantagem – como não havia pontuação direta, existia maior incerteza quanto ao tempo de duração das partidas, as quais podiam ser jogadas por muitas horas. Mesmo com a eliminação da vantagem, ainda não é possível prever o tempo de duração de uma partida, mas sua previsibilidade relativa foi benéfica para que as emissoras de televisão pudessem transmitir uma partida com menos incertezas quanto ao tempo que elas ocupariam na grade de programação. Esse é um argumento de algumas pessoas com relação ao tênis, em que partidas de alto nível podem durar até 6 horas. Porém, nessa modalidade, há maior resistência à mudança de regras.

Outra evidência da racionalização está presente no treinamento dos atletas (um meio) para alcançar a excelência esportiva (um fim). Guttmann (2004) aponta que na Grécia antiga já havia um esforço para se compreender os efeitos dos treinamentos, quando foram escritos manuais indicando as melhores práticas. Há também informações de estratégias nutricionais que eram implementadas, assim como de exercícios de concentração e relaxamento. Embora já tomemos esses processos como naturais, o desenvolvimento da ciência do treinamento esportivo, em especial nos séculos XX e XXI, demonstra a busca pelo aperfeiçoamento e a demanda para se conhecer as necessidades de cada modalidade esportiva e de cada atleta em profundidade e de forma específica.

Essas exigências afastam cada vez mais os atletas modernos dos antigos, já que a quantidade de profissionais e estudiosos que buscam meios para melhorar o desempenho é significativamente maior.

Preste atenção!

Embora a racionalização no esporte tenha se acentuado nas últimas décadas, a perspectiva de otimização dos treinamentos (meios) para alcançar vitórias (fins) sempre existiu.

Existe uma crítica que afirma que os atletas atuais são como "robôs," visto que possuem pouca liberdade em suas escolhas de vida e acabam, em parte significativa de seu tempo, dedicando-se às atividades relacionadas à melhoria de seu desempenho – treinos, alimentação e descanso. Além disso, as exigências de patrocinadores e marcas também tendem a cobrar comportamentos exemplares fora dos ambientes esportivos para que suas imagens não fiquem associadas a práticas consideradas negativas, não saudáveis ou não esportivas, o que pode prejudicar o patrocinador.

Os profissionais de educação física precisam conhecer esses processos e esse contexto em que os atletas (especialmente de alto rendimento) estão envolvidos, tanto para conhecer as pressões e complexidades do processo de treinamento quanto para orientar aqueles que desejam se tornar atletas. É possível pensar que cada vez mais serão necessários não só o talento ou boas capacidades físicas para atletas profissionais, mas especialmente disposição para enfrentar as altas cargas e demandas de treinamento e de comportamento exemplar.

Pense a respeito

Escolha uma modalidade esportiva ou um clube de qualquer modalidade. Busque informações sobre sua organização burocrática – as especialidades, os profissionais, as comissões e as instituições que se relacionam a ela(e). Em que essa modalidade ou clube se aproxima e se distancia de uma empresa?

Em sua busca, você perceberá que clubes e modalidades mais profissionais tendem a apresentar um maior número de pessoas, as quais, consequentemente, são mais especializadas. Nos clubes, há treinadores, preparadores técnicos, preparadores em funções específicas (goleiro, líbero, defesa, ataque etc.), fisiologista, nutricionista, médicos em diferentes especialidades, psicólogo, roupeiro, diretor técnico, diretor administrativo, equipe técnica, equipe administrativa, conselheiros, assessor de imprensa, pessoas que trabalham com as mídias digitais, jornalistas, e assim por diante. Essas funções podem ser agregadas em comissões ou equipes dependendo das especificidades da modalidade ou do clube. É claro que em clubes e modalidades com menores condições financeiras é mais difícil sustentar uma grande equipe de profissionais, razão pela qual alguns profissionais acumulam mais de uma função.

Ainda na racionalização também podemos considerar a constante especialização tanto de atletas que decidem ainda jovens sua modalidade esportiva quanto de jogadores em modalidades coletivas que se especializam em funções (goleiro, ala, pivô, atacante, líbero etc.). A especialização das funções, como consequência, exige que o treinamento também se torne específico, visando ao desenvolvimento das habilidades necessárias para cada posição.

Outro ponto a ser considerado é a estrutura burocrática que se estabelece no esporte, tanto na configuração das instituições esportivas que organizam o esporte (federações internacionais, confederações nacionais, federações estaduais, clubes e associações) quanto dentro de uma equipe (técnico, assistente, preparador físico, fisiologista, psicólogo, nutricionista etc.).

Nesses dois casos, há relação com outros aspectos da racionalização. No primeiro, algumas dessas instituições são as responsáveis por estabelecer, fiscalizar, implementar e modificar as regras. No segundo, a estrutura burocrática visa à especialização de profissionais em funções para implementar seus conhecimentos específicos e garantir melhores condições de desempenho para os atletas e equipes.

> **Pense a respeito**
>
> Você consegue pensar em outros exemplos de racionalização no esporte? Utilize a internet para verificar de que outras maneiras essa categoria se faz presente no esporte.

4.5 Globalização

Quando apontamos a adoção de regras que se aplicam em todos os países às modalidades esportivas, precisamos contextualizar que isso só se torna possível em um mundo que está conectado a tal ponto que essa informação possa ser repassada para seus praticantes.

Esse é um cenário viável a partir do século XX, quando começa a haver maior intercâmbio de informações entre praticamente todas as partes do mundo. Apesar de essa situação ser mais recente, também é válido o argumento de que em séculos anteriores já havia uma conexão internacional, especialmente com as grandes navegações no século XV, quando os europeus saíram pelo mundo e se depararam com territórios desconhecidos. Desde esses encontros – que, na maioria dos casos, tornaram os territórios novas colônias europeias –, passou-se a estabelecer relações comerciais e intercâmbios culturais de maneira global.

No entanto, no último século, essas trocas e relações se tornaram muito mais complexas, já que os avanços tecnológicos permitiram que pessoas (mediante meios de transporte mais rápidos e eficientes, como navios e aviões), dinheiro (por meio dos sistemas bancários, como as transações *on-line*, imagens e ideias (pelos sistemas de comunicação que aceleraram a troca de informações, como a internet) circulassem o mundo de maneira muito mais rápida, o que tem provocado transformações significativas de ordem política, social, econômica e cultural (Maguire et al., 2002).

Se no século XV alguns países europeus centralizavam o poder internacional, hoje esse poder está geograficamente mais difuso, ainda que existam acentuadas divisões entre aqueles que têm ou não acesso ao que a globalização tem a oferecer (Bauman, 1999).

As consequências do processo de globalização, na maioria dos casos, não são planejadas ou controladas. Nesse sentido, o esporte teve e ainda tem destaque por reforçar ou, em poucos casos, resistir às mudanças geradas pela globalização. Novamente, afirmamos que não é coincidência que o surgimento e a expansão do esporte em seu formato moderno tenham acontecido no final do século XIX, período em que também houve um aumento nas formas de comunicação e expansão das relações entre territórios. Nos últimos anos desse século, foram criadas instituições esportivas internacionais, como o Comitê Olímpico Internacional – COI (em 1894) e a versão moderna dos Jogos Olímpicos (1896), seguidos de outras modalidades esportivas e eventos internacionais.

Em um primeiro momento, espalharam-se pelas colônias e ex-colônias não só práticas inglesas (futebol, rúgbi e críquete), mas também práticas corporais como as ginásticas alemã e sueca, que chegaram inclusive ao Brasil, especialmente por imigrantes.

Percebemos que há um trânsito internacional esportivo nesse período quando analisamos que a primeira partida de uma "seleção" brasileira de futebol aconteceu em 1914, e que, dois anos depois, ela participou de um campeonato sul-americano (Negreiros, 2009).

Nas décadas seguintes, a influência dos Estados Unidos em diferentes países fez com que a prática de modalidades como o basquetebol, o voleibol e o beisebol também se espalhasse, sendo que as duas primeiras foram mais significativamente incorporadas no Brasil.

Dessa maneira, percebemos que houve a centralidade de alguns países europeus e dos Estados Unidos na criação e disseminação das modalidades esportivas, o que os tornou, consequentemente, líderes nas organizações que regulam essas práticas. Mais do que o poder de decisão sobre regras e competições, essas organizações lideram, em muitos casos, os destinos, os valores e as ideologias do esporte como um todo, orientando até mesmo o que hoje uma parte significativa das pessoas no mundo entendem por "esporte" (Maguire et al., 2002).

Apesar da dominância das práticas vindas de alguns países, os fluxos de influência e intercâmbio entre modalidades esportivas também acontecem no sentido contrário – da "periferia" para o "centro".

Algumas práticas marciais dos países orientais vêm sendo incorporadas pelos ocidentais nas últimas décadas, com destaque para o judô, o *tae kwon do*, o caratê e o *kung fu*. Entretanto, é válido ressaltar que embora essa incorporação mantenha alguns aspectos tradicionais, como rituais, símbolos e termos originais, também são feitas modificações para trazer elementos mais reconhecíveis às culturas que incorporam essas modalidades. Dos exemplos citados, o judô, o *tae kwon do* e o caratê foram incorporados no programa olímpico, assumindo, assim, as lógicas de disputa e competição de outras modalidades ocidentais.

No Brasil, há uma constante disputa no cenário da capoeira, em que grupos contra e favor da "esportivização" estão divididos. Nesse contexto, *esportivização* seria tornar a atividade uma competição com ganhadores e perdedores e regras padronizadas, a fim de que, no futuro, essa prática se torne um esporte olímpico. Um argumento é que a esportivização pode trazer mais visibilidade, atraindo praticantes, patrocinadores e negócios; por outro lado, há a manutenção da perspectiva cultural, segundo a qual as características de jogo e dança, centrais nessa prática, poderiam perder sua importância após a esportivização.

Quando existe esse trânsito cultural do esporte, uma consequência que tem sido visível é o trânsito também de pessoas. Isso acontece em razão da existência de competições entre diferentes países; da migração de pessoas para assistirem aos jogos e campeonatos; e de atletas, técnicos, gestores, cientistas e árbitros que atuam em países diferentes daqueles de origem. Para nós, brasileiros, isso é mais evidente no futebol, em que estamos acostumados a ver atletas que se destacam nos times nacionais serem vendidos para clubes europeus, principalmente. Mais recentemente, alguns times no país também passaram a contratar jogadores internacionais, especialmente de países da América do Sul. Em outras modalidades, como voleibol e basquetebol, também há uma saída de atletas brasileiros, bem como a recepção de atletas internacionais. Para os Jogos Olímpicos do Rio de Janeiro, em 2016, atletas estrangeiros foram naturalizados para representar o país em modalidades como esgrima, polo aquático, tênis de mesa e hóquei sobre a grama, bem como treinadores internacionais foram contratados, como na canoagem e no handebol.

A naturalização tem sido uma prática adotada por diversos países, tanto com atletas que já treinam no país (especialmente naqueles em que há melhor estrutura e cujas universidades atraem mais jovens) quanto por meio da "contratação" de atletas de outros países para competir (quando eles não são selecionados para compor as equipes nacionais de seu país de origem). Isso ocorre em países que têm um grande contingente de atletas em determinada modalidade, em que os níveis daqueles que não são selecionados ainda assim estão acima da média de outros países, como é o caso dos corredores de fundo no Quênia ou dos tenistas de mesa na China.

Além da relação com a globalização, essa estratégia é utilizada quando o país não tem atletas de ponta em determinada modalidade ou entende que a "importação" pode auxiliar no desenvolvimento técnico dos que ali estão, sempre visando melhorar o desempenho em competições internacionais. Mesmo que os atletas não conquistem medalhas olímpicas, existem casos de conquistas continentais (como nos Jogos Pan-Americanos) ou de melhores colocações históricas em eventos internacionais para o país.

A escolha por naturalizar atletas internacionais costuma ser polêmica, principalmente porque algumas pessoas entendem que seria necessário priorizar os atletas nascidos no país e/ou questionam qual seria a relevância para o país do resultado conquistado por um atleta estrangeiro.

Outra questão relevante referente à relação entre globalização e esporte é a **participação da mídia**. Recuperando a noção de desenvolvimento tecnológico para a formação de redes de comunicação cada vez mais abrangentes e acessíveis, atualmente temos um cenário em que o esporte é um tema muito relevante nos meios de comunicação, tanto para informação quanto para entretenimento.

A tecnologia se tornou fundamental para o esporte, tendo em vista as informações publicadas nos jornais, a criação de jornais e revistas específicos para o esporte, as grandes redes de televisão que transmitem eventos esportivos para todo o mundo ao vivo e a possibilidade de transmissão e atualização pela internet. Graças às transmissões nacionais e internacionais, as modalidades esportivas e os clubes têm visibilidade, o que atrai o interesse de patrocinadores e anunciantes, os quais investem grandes quantias financeiras para terem suas imagens associadas ao esporte.

Também o esporte estimula o desenvolvimento tecnológico, quando novas formas de captação e transmissão de imagens são criadas e inauguradas para grandes eventos esportivos internacionais. No que se refere à mídia, o esporte é um tema de interesse para muitos consumidores e clientes. Para o esporte, a mídia é a plataforma para dar visibilidade e gerar interesse de novos praticantes, consumidores e patrocinadores.

Esse potencial é ampliado quando consideramos que algumas modalidades e equipes são atrativas para um público internacional, o que possibilita alcançar consumidores para além daqueles que podem se deslocar até o estádio. Outras questões da relação entre esporte e mídia serão desenvolvidas no Capítulo 6.

Também é importante destacarmos a influência que marcas de vestuário e equipamentos relacionados ao esporte estabelecem entre si, assim como a atuação delas dentro das lógicas da globalização. Justamente em razão do potencial que o esporte tem de ser uma "linguagem universal", cada vez mais reconhecida por pessoas de diferentes países e culturas, há um apelo para que ele – ou, pelo menos, algumas marcas a ele associadas – faça parte do estilo de vida das pessoas. Nesse sentido, essas grandes empresas patrocinam os principais clubes, campeonatos e eventos esportivos, reforçando na mente dos consumidores sua associação ao esporte, ao mesmo tempo que seus investimentos estimulam a continuidade e a atratividade dessas mesmas atividades, as quais demandam o uso de seus produtos.

Na maioria dos casos, essas empresas não apenas fabricam vestuário e equipamentos para profissionais, mas também buscam atingir o mercado dos praticantes amadores e mesmo dos não praticantes, mediante linhas de produtos casuais (feitas para o dia a dia). Ao patrocinarem atletas reconhecidos mundialmente, essas empresas os transformam em "embaixadores" internacionais, independentemente do país onde nasceram.

Por último, destacamos a **diversidade de pontos de origem de matéria-prima** e **tecnologia para a produção** no contexto da globalização. Por exemplo, uma marca alemã, com escritórios nesse país, pode incorporar *designers* italianos e engenheiros indianos, comprar borracha para o tênis na Tailândia, importar tecidos da China, construir suas fábricas na Indonésia com mão de obra proveniente do Vietnã e vender seus produtos para mais de 180 países em todos os continentes. Embora esse seja um caso inventado, ele ilustra os fluxos que caracterizam a globalização.

Pense a respeito

Você consegue pensar em outros casos em que a globalização influencia o esporte? Aproveite para procurar na internet outros exemplos dessa categoria do esporte.

Síntese

Categoria	Significado	Exemplos no esporte
Dominação ideológica	Nossas ideias e nossos entendimentos sobre como a sociedade funciona são influenciados pelo sistema.	Jogos Olímpicos de 1936; Copa do Mundo FIFA de 1970; protestos contra a FIFA em 2013.
Resistência	Ações de oposição ou de não conformidade a atos, situações e decisões, os quais geralmente representam disputas de poder.	Bom Senso F. C.; Democracia Corinthiana; protestos contra a FIFA em 2013.
Diversidade	Reconhecimento das distintas características físicas, culturais e sociais dos seres humanos.	Preconceito contra atletas negros e homossexuais.
Inclusão social	Tentativas de minimizar as desigualdades sociais por meio de ações, principalmente do Estado e do terceiro setor.	ONGs criadas por atletas e clubes.

(continua)

(conclusão)

Categoria	Significado	Exemplos no esporte
Secularização	Mudança da centralidade do religioso (divino) para motivações mundanas (ações e relações sociais).	Dinheiro, fama e visibilidade como motivação predominante para a prática esportiva.
Racionalização	Processo de otimização dos processos (meios) visando alcançar objetivos predefinidos (fins).	Regras; treinamento; estrutura burocrática.
Globalização	Crescente interconexão internacional nas esferas política, econômica, cultural e social.	Organizações internacionais de modalidades esportivas; incorporação do esporte em diferentes países; migração no esporte.

Indicação cultural

Filme

O HOMEM que mudou o jogo (*Moneyball*). Direção: Bennett Miller. EUA: Sony Pictures, 2011. 133 min.

Baseado no livro de Michael Lewis, esse filme retrata a história do gestor de um time de beisebol dos Estados Unidos que começou a aplicar técnicas de análise na tentativa de selecionar os jogadores de melhor custo-benefício, visto que a temporada anterior foi ruim para sua equipe e havia pouco dinheiro para investimentos. Baseado em uma história real, o filme recebeu seis indicações ao Oscar, incluindo melhor filme e melhor ator.

Atividades de autoavaliação

1. Conforme os conteúdos do Capítulo 4 sobre as categorias *dominação ideológica* e *resistência*, analise as assertivas a seguir e assinale V para as verdadeiras e F para as falsas.

    ( ) Resistência é uma manifestação de oposição, que pode ser clara (visível) ou mais sutil (discreta).

( ) Dominação ideológica só se aplica ao sistema capitalista.
( ) *Dominação ideológica* e *resistência* são conceitos opostos que não podem ser relacionados.
( ) O esporte pode ser entendido como instrumento de alienação dentro da dominação ideológica.

Agora, assinale a alternativa que apresenta a sequência correta:

a) V, F, F, V.
b) V, F, V, V.
c) F, V, V, F.
d) V, V, F, F.
e) F, V, F, F.

2. Sobre as categorias *diversidade* e *inclusão social*, assinale a alternativa correta.

   a) A diversidade evidencia que existem pessoas que se encaixam em um padrão ideal.
   b) A inclusão social só existe depois de um processo de exclusão social.
   c) A diversidade é a causa da exclusão social.
   d) ONGs que atuam com inclusão social fazem parte das ações de um governo.
   e) A diversidade e a inclusão social surgiram com o processo de industrialização.

3. Sobre a categoria *secularização* nas manifestações antigas e modernas, assinale a alternativa correta.

   a) A secularização indica que as pessoas estão mais apegadas às questões divinas em suas práticas cotidianas.
   b) As práticas esportivas antigas tinham os mesmos propósitos das práticas esportivas modernas.
   c) No esporte atual, não se veem manifestações de cunho religioso.

d) Os Jogos Olímpicos, na Grécia Antiga, faziam parte dos Jogos Pan-Helênicos e tinham como propósito honrar os deuses.

e) O culto a atletas como "deuses" evidencia a secularização no esporte nos dias atuais.

4. Sobre os elementos que compõem a categoria *racionalização*, analise as assertivas a seguir.

   I. A criação de regras possibilita condições iguais para a prática esportiva.

   II. A mudança de regras acontece no esporte para melhorar a dinâmica do jogo ou atender ao interesse da televisão e dos patrocinadores.

   III. A racionalização é aplicada nos esportes modernos, não existindo indícios dela nos esportes antigos.

   IV. O treinamento esportivo também significa a racionalidade no esporte.

   São corretas apenas as afirmativas:

   a) I e II.
   b) I, II e III.
   c) I, II e IV.
   d) I, III e IV.
   e) II e IV.

5. Sobre a categoria *globalização*, assinale V para as afirmações verdadeiras e F para as falsas.

   ( ) A globalização começou no século XX.

   ( ) A globalização permitiu que as diferentes modalidades esportivas se espalhassem pelo mundo.

   ( ) O desenvolvimento tecnológico influenciou diretamente a conformação atual do esporte.

   ( ) Um atleta que nasce em um país não pode ser naturalizado para representar outro país em competições esportivas internacionais.

Agora, assinale a alternativa que apresenta a sequência correta:
a) V, F, V, F.
b) V, F, V, V.
c) F, V, F, F.
d) V, V, F, F.
e) F, V, V, F.

Atividades de aprendizagem

Questões para reflexão

1. Que outros fatos esportivos também poderiam ser analisados com base nas sete categorias sociológicas apresentadas neste capítulo?

2. Reveja os exemplos utilizados para cada categoria sociológica. Quais deles poderiam ser analisados com base em outras categorias, diferentes daquelas indicadas no texto?

Atividade aplicada: prática

1. Escolha uma matéria jornalística esportiva (em revistas, jornais ou *sites* de notícias) e faça uma análise da situação relatada na notícia com base em uma ou mais categorias vistas neste capítulo.

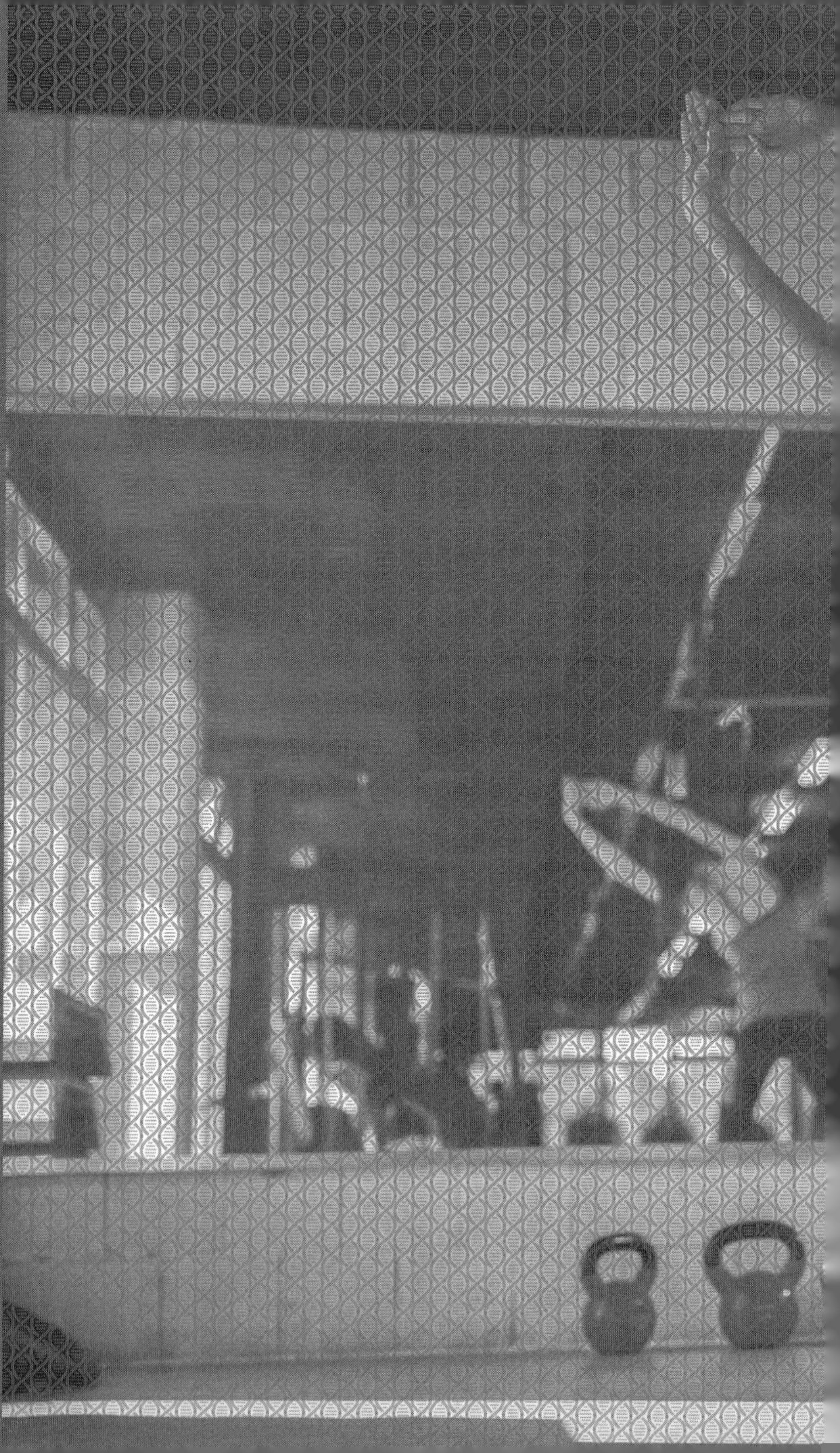

Capítulo 5

Categorias sociológicas para análise do esporte – Parte II

Conforme indicamos anteriormente, as categorias sociológicas, juntamente com as teorias, são muito úteis para qualificarmos nossa leitura do fenômeno esportivo. É importante reforçar que elas não são as únicas existentes, já que outros autores e teorias também trazem diversas contribuições que poderiam ser incorporadas aos estudos do esporte. Entretanto, nesta obra optamos pela abordagem das categorias vistas no Capítulo 4 e das que serão apresentadas na sequência, visto que elas possibilitam uma cobertura significativa de temas e problemas sociais que estão relacionados à área de estudo e de atuação profissional da educação física.

Graças à complexidade do fenômeno esportivo, demonstraremos que a análise de uma questão ou problema geralmente não ocorre somente com base em uma das categorias. Elas podem, de maneira conjunta, contribuir para uma melhor compreensão ou formulação de hipóteses que ajudem a encontrar possíveis respostas ou soluções. Assim, são fundamentais a leitura e a incorporação das informações contidas nos capítulos anteriores, especialmente das apresentadas no Capítulo 4.

Neste capítulo, apresentaremos mais sete categorias sociológicas: catarse, violência, socialização, distinção social, identidade, corporeidade e ecologização.

Preste atenção!

A ampliação do número de categorias sociológicas aprendidas e incorporadas auxilia em uma leitura mais diversificada e qualificada da complexidade do fenômeno esportivo.

5.1 Catarse e violência

Catarse é um termo de origem grega que significa "purificar", "expurgar", "colocar para fora". Essa ideia foi empregada por Aristóteles na obra *Poética* e é interpretada como uma metáfora do significado médico do termo, em que a saída de substâncias que fazem mal ou que criam uma tensão dentro do corpo apresentam um paralelo com as emoções vividas na tragédia grega. Essa noção foi adotada na psicologia para indicar que as pessoas podem se sentir melhor quando conversam com outras sobre traumas ou experiências negativas que viveram.

Os autores Norbert Elias e Eric Dunning (1992) utilizam uma linha semelhante para defender o argumento de que as lutas e o lazer têm uma ação catártica. Para os autores, as pessoas nas sociedades mais recentes não podem expressar suas emoções de maneira tão aberta no dia a dia, sendo esse o resultado de séculos de aprendizados sociais sobre como devemos nos comportar em público.

Quando olhamos para um período histórico mais longo, percebemos que as pessoas passaram muito tempo vivendo isoladamente com suas famílias nas áreas rurais, ou seja, quase não tinham contato com outros grupos. Especialmente com a criação dos países e das cidades, quando as pessoas começaram a interagir umas com as outras, as regras de convivência começaram a ser criadas.

Algumas dessas regras não necessariamente eram leis ou estavam escritas, mas foram sendo constituídas pela observação do comportamento dos outros ou por ensinamentos dos familiares. Hoje sabemos, por exemplo, como nos comportar nas refeições, que devemos nos vestir em público de maneira condizente com a situação e que não devemos tratar desconhecidos da mesma maneira que tratamos nossos familiares. Em geral, esses comportamentos não permitem que façamos tudo aquilo que temos vontade ou da forma como gostaríamos, gerando uma série de emoções que ficam guardadas e não podem ser expostas a qualquer momento.

Pense a respeito

Em que momentos da vida cotidiana (tempo e local) expressar a emoção de forma evidente, como gargalhar ou chorar, é socialmente aceito? Quando não é?

Nessa perspectiva, Elias e Dunning (1992) indicam que os momentos de lazer são intervalos no cotidiano social em que é permitido liberar algumas emoções. Com base nisso, podemos incluir o esporte entre um dessas manifestações. Por exemplo, no trabalho ou na rua, não devemos gritar ou fazer gestos quando não concordamos com a atitude de outra pessoa, assim como é incomum vermos pessoas chorando em público. No entanto, em uma partida de futebol, é socialmente aceito que os torcedores gritem e se revoltem, até xingando o árbitro ou o jogador que errou o gol.

Também não é incomum vermos pessoas chorando, de tristeza ou alegria, quando equipes perdem ou são rebaixadas de divisão, ou quando elas vencem algum campeonato. Por isso, Elias e Dunning (1992) destacam a relevância de as pessoas poderem viver esses momentos, justamente para "colocar para fora" e, com isso, purificar as emoções negativas ou reprimidas que tinham dentro de si.

Importante!

A catarse é a manifestação de sentimentos socialmente reprimidos em ambientes sociais que permitem esse tipo de exposição, sendo o esporte, no momento de lazer, um espaço e um tempo privilegiado para isso.

Nessa lógica, os indivíduos transferem, de uma esfera da vida para outra (do trabalho para o lazer, da vida social regrada para o convívio informal com os amigos mais próximos), a possibilidade de libertar, ou mesmo manifestar, essas emoções, mostrando-as sem serem julgados ou sem correrem o risco de, por isso, ameaçarem relacionamentos ou suas carreiras.

Não se sabe até que ponto a catarse é duradoura, ou seja, não se sabe se "colocar para fora" as emoções em um estádio de futebol pode causar um relaxamento posterior, no dia ou na semana, ou se é só uma sensação momentânea. Também pode ser uma questão individual, cujo grau de necessidade varia de pessoa para pessoa. Entretanto, a observação desse comportamento em diferentes partes do mundo, em pessoas de culturas e rotinas tão distintas, indica a relevância que o lazer tem também para essa finalidade.

Avançando nas contribuições de Elias e Dunning (1992), podemos pensar ainda em como a catarse se evidencia nas chamadas *práticas corporais radicais*. Nesses casos, geralmente se tem como base algum tipo de risco que será superado pelo praticante: risco de queda, de não superação de obstáculos e até de morrer. Para isso, são admitidas situações extremas, como saltar de uma grande altura confiando que a tecnologia existente no equipamento específico daquela prática impedirá a possível morte – como o paraquedas, o parapente ou as cordas de *bungee jump* e de rapel.

A confiança também pode estar na habilidade e na capacidade física do praticante, como andar em uma corda, executar manobras e cair em pé em um *skate* ou prancha de surfe, ou conseguir alcançar o apoio seguinte no montanhismo ou no *parkour*. Em todas essas situações, o praticante se coloca intencionalmente em momentos de tensão que extrapolam a vida cotidiana. Neles, há a liberação de hormônios como a adrenalina, que posteriormente permitem ao praticante sentir emoções positivas pela superação do desafio.

Exceto em situações extremas em que acidentes acontecem, podemos assumir que essas práticas têm um risco controlado, já que existem diversos equipamentos e estratégias de segurança, bem como a formação de profissionais para realizar os treinamentos ou instruções de cada prática. Mais adiante neste capítulo, abordaremos outra questão relacionada às modalidades radicais: o contato com a natureza.

Pense a respeito

Busque uma entrevista com um(a) praticante de uma modalidade de esporte radical. Quais argumentos essa pessoa apresenta para justificar o risco da prática?

O viés pelo qual abordaremos a categoria *violência* neste livro tem base na mesma linha teórica que utilizamos para falar da catarse. Nesse sentido, a **violência** pode, por um lado, ser entendida como um modo de catarse, uma vez que externaliza a contenção de emoções; e, por outro, ser vista como algo socialmente negativo, o que gera uma nova forma de controle das emoções – nesse caso, sua manifestação é vista como algo não civilizado por diversos grupos sociais. Enquanto a catarse pode ser entendida como um descontrole controlado, pois fica dentro de limites socialmente aceitos, a violência, em muitas circunstâncias, é o descontrole descontrolado, ou seja, uma manifestação de catarse que vai além dos limites socialmente aceitos.

Quando falamos de violência, pensamos diretamente na sua manifestação física, ou seja, quando uma ou mais pessoas usa(m) de força física (o próprio corpo ou objetos) contra uma ou mais pessoas, geralmente em resposta a alguma atitude vista com discordância. No entanto, também existe a violência verbal, que se manifesta em xingamentos explícitos, também na tentativa de humilhar ou coagir alguém.

Há ainda a violência simbólica, proveniente de ações que não são explícitas como as violências físicas ou verbais, mas que também têm a intenção de rebaixar ou frustrar outra pessoa. Encontramos uma possibilidade de interpretar a violência simbólica em casos de manifestação de racismo de torcedores, como ao se arremessar bananas no campo de futebol ou imitar sons de macacos. A ofensa, nesse caso, não é verbal nem física, mas os símbolos referentes aos macacos e a relação pejorativa que algumas pessoas fazem entre macacos e negros compõem a representação da violência nessa circunstância.

Importante!

A violência pode ser vista como um meio de descontrole das emoções que socialmente tende a ser indesejável. Ela pode ser física, verbal ou simbólica.

Outra característica da violência simbólica é estar presente constantemente em nosso cotidiano, conforme afirma o sociólogo Pierre Bourdieu (2009). Para o autor, violência simbólica é uma violência que não aparece ou que as pessoas não percebem como violência, tendo um caráter de obrigação. Por exemplo, algumas mulheres assumem para si as funções domésticas porque simplesmente são mulheres, e em muitas sociedades entende-se que essa é a responsabilidade básica delas.

Da mesma forma, um funcionário pode se sentir obrigado a fazer tarefas para além de sua função por ordem de seu superior, entendendo que deve ser grato a ele por ter aquele emprego. O funcionário, no entanto, não percebe que o superior pede-lhe outras demandas porque sabe que ele se sente em dívida. Esses dois casos ilustram que a violência simbólica pode não ser percebida de imediato e faz parte das relações cotidianas, não só sendo implementada por alguém, mas também sendo, de certa forma, aceita por aquele que a sofre (a mulher e o funcionário, nos exemplos anteriores). No caso das violências verbal e simbólica, o dano não é físico, mas psicológico.

Na sociedade atual, embora as violências física e verbal sejam cada vez mais reconhecidas como negativas e, consequentemente, desencorajadas, elas continuam presentes. Todos os anos, especialmente em jogos de equipes de uma mesma cidade, é frequente o caso de confrontos entre torcedores de futebol e de depredação de patrimônio. Durante as partidas, em diferentes modalidades, também são noticiadas violências físicas e verbais em discussões entre atletas, árbitros, comissão técnica e torcedores. Grandes eventos esportivos têm investido quantias crescentes em segurança especialmente após os atentados de 11 de setembro de 2001, nos Estados Unidos, dada a possibilidade de ataques terroristas nesses locais de grande concentração de pessoas e de visibilidade midiática.

No caso da violência física, os argumentos trazidos por Elias e Dunning (1992) para explicar como as emoções foram sendo reprimidas (isto é, passaram a não ser demonstradas em público) também servem para mostrar como as pessoas passaram a ter comportamentos mais controlados, inclusive no ímpeto de serem violentas, e a ser mais sensíveis à violência vista.

Preste atenção!

Existem registros, em séculos anteriores, de eventos públicos violentos e até mortais, os quais, no entanto, aos poucos foram sendo substituídos por outras atividades. A própria constituição do esporte moderno pode ser vista como um meio de controle da violência, tendo em vista a criação das regras não só do jogo em si, mas também da forma como se comportar no esporte. As regras, ao igualarem o número de jogadores nas equipes que se enfrentam e punir comportamentos violentos ou injustos (como colocar a mão na bola no futebol, por exemplo), garantem uma disputa justa. O *fair play*[1] (traduzido como "jogo limpo") ilustra bem essa questão. Embora nem todos os jogos sejam "limpos", há uma constante ação e tentativa de conscientização para que os atletas não busquem meios vistos como injustos ou incorretos para se beneficiarem.

---

[1] Segundo Pierre Bourdieu (1983a), *fair play* significa não se deixar levar pelo jogo a ponto de se esquecer que se trata apenas de um jogo. Tem um sentido de exaltação do caráter do controle das emoções.

No caso da violência simbólica, esse reconhecimento ainda é inicial. Em algumas circunstâncias, casos de violência simbólica também têm sido chamados de *bullying*. Embora mantenha relação mais direta com comportamentos de crianças nas escolas, o *bullying* é um termo que também incorpora comportamentos de violência verbal e simbólica.

Em alguns temas, como o papel da mulher na sociedade, esse tópico é mais discutido – embora ainda haja na sociedade comportamentos e falas que reforcem preconceitos. No esporte, com frequência vemos resistência dos pais caso os filhos desejem fazer esportes vistos como inadequados ao seu gênero. Mesmo que essa resistência não ocorra na forma de violência física ou verbal, não é incomum haver desencorajamento por meio de brincadeiras ou simplesmente pela falta de apoio. Isso também vale para a violência simbólica contra deficientes, diferentes grupos étnicos, grupos religiosos e grupos de diferentes orientações sexuais, conforme salientamos na categoria *diversidade* no Capítulo 4.

Preste atenção!

A violência pode se evidenciar por meio de *bullying*, de posicionamentos preconceituosos ou desencorajadores, especialmente relacionados aos debates da categoria *diversidade*.

Podemos dizer que atos de violência são retrocessos no desenvolvimento das sociedades, já que, apesar de persistentes, são combatidos e recriminados. No esporte, especialmente no caso das modalidades de lutas, há uma grande preocupação em não deixar que as pessoas as associem com violência. Com frequência, observamos uma preocupação em demonstrar que a existência de regras, a filosofia e/ou a preparação são necessárias para a prática dessas modalidades, qualificando-as para além de uma simples disputa física. Esse tema é bastante polêmico e tem gerado reações do Poder Público, com propostas de lei que proíbem a prática de determinadas modalidades de lutas. Há pessoas, por exemplo, que defendem ou são contra, especialmente, as artes marciais mistas (MMA – *mixed martial arts*). Na rotina do profissional de educação física, isso tem impacto não apenas em casos em que os pais são contra o ensino de lutas, mas também na permissão ou não da prática de determinadas modalidades para todas as idades. No caso do MMA, a evidência midiática e econômica de eventos internacionais tem atraído público e praticantes ao mesmo tempo em que gera dúvidas se crianças e adolescentes têm desenvolvimento suficiente para as atividades. Também houve grande resistência para incluir eventos com lutadoras mulheres – porém, na atualidade, as lutas femininas, em algumas edições do principal evento de MMA, o *Ultimate Fighting Championship* (UFC), se tornaram as atrações principais do *card*.

Pense a respeito

Procure opiniões de pessoas que sejam a favor de MMA e contra a modalidade. Quais são os diferentes pontos de vista sobre entender ou não a modalidade como violenta?

Você consegue pensar em outros casos de manifestação da catarse e de violência no esporte?

5.2 Socialização e distinção social

A socialização é caracterizada como o processo de educar ou instruir as gerações mais novas, principalmente os adultos em relação às crianças, a conviver socialmente.

De acordo com o sociólogo Émile Durkheim (2010), para aprender a viver em sociedade, as crianças precisariam aprender a como se comportar – indo além das necessidades individuais de aprendizado de matemática, por exemplo – para construir sociedades que tivessem mobilização coletiva. Isso só seria possível mediante a educação, visto que os seres humanos não nascem detentores dessa noção de coletivo. Nesse sentido, os adultos ensinariam para as crianças que, para viver em sociedade, é preciso conhecer e respeitar as tradições, as crenças e a moral vigentes naquele local e com aquelas pessoas com quem convivem (Durkheim, 2010).

Outros autores vão além ao perceberem que a socialização ocorre por meio de diferentes processos – e não só pela educação escolar. Ela ocorre também quando as crianças interagem entre si, com familiares e outras pessoas da comunidade. Além disso, o ensinamento não precisa acontecer apenas de forma direta e organizada, uma vez que ações dinâmicas que compõem a rotina de interações sociais também passam saberes sobre o viver em sociedade, sem necessariamente se restringir à infância (Grigorowitschs, 2008).

Durkheim (2010) reconhecia que um único sistema educacional que respondesse por todas essas demandas seria inviável, uma vez que os diferentes períodos históricos e cada sociedade têm perspectivas específicas sobre as regras ou o que deve ser incorporado pelas gerações mais novas. Comparando sociedades anteriores com as contemporâneas, é possível perceber que em outros tempos o conhecimento mais profundo e os laços de confiança com as pessoas de convivência geravam sociedades com maior união, em que havia uma identificação por tradições e valores comuns. Por sua vez, nas sociedades recentes, dadas a complexidade e a divisão nas funções e responsabilidades, embora as intenções apareçam em maior quantidade, a consciência individual é evidente, contexto em que uma percepção voltada a si mesmo tende a predominar sobre a consciência coletiva.

Em se tratando de esporte, o entendimento de socialização ocorre por meio da perspectiva de que a socialização pode acontecer em diferentes ambientes e em vários momentos da vida, ainda que haja uma ênfase nessa ação com crianças e jovens. Para adultos e idosos, a ideia de socialização está mais atrelada à oportunidade de conhecer e interagir com novas pessoas do que ao aprendizado de habilidades sociais.

Importante!

Socialização é o processo de educação ou instrução de gerações mais novas por intermédio da escola, da família e da comunidade. Também é entendida como interação entre pessoas, contexto em que o aprendizado mútuo não acontece somente na fase infantil.

Para crianças e jovens, existe um entendimento de que o esporte pode ensinar valores relevantes nas sociedades contemporâneas, como disciplina, trabalho em equipe, respeito às regras e ao próximo. Para isso, projetos esportivos de cunho social (também discutidos na categoria *inclusão social*) colocam como objetivo ou missão **promover a socialização**.

Muitas vezes, principalmente em comunidades periféricas (tratadas como carentes), costuma-se generalizar a falta de suporte em educação e valores entre as crianças e jovens. Nessa linha, é comum ilustrar o suposto sucesso das atividades com base em casos de crianças que não respeitavam seus pais e professores, mas passaram a respeitá-los depois de conviver no projeto social.

Pense a respeito

Procure na internet as palavras *esporte* e *socialização* conjuntamente. Que tipo de resultados surgem? Com base nos resultados encontrados, pode-se afirmar que essa relação é majoritariamente positiva ou negativa?

Ainda não há unanimidade sobre até que ponto o esporte tem essa capacidade de promover o desenvolvimento pessoal e social. Atualmente, há o entendimento de que não se trata de uma incorporação imediata. Pensemos na metáfora de uma lavagem rápida de veículos para entender melhor essa questão: uma criança com problemas de socialização (o carro) não passa simplesmente pelo esporte (a lavagem) e sai com seus problemas (a sujeira) resolvidos. Quando se trata de interações sociais, as relações não são tão diretas assim: existem confrontos, nem tudo é imediatamente aceito, e muitas pessoas, mesmo praticando esportes em toda sua vida, têm resistência em trabalhar em equipe ou em seguir as ordens do técnico, por exemplo. Mais ainda, isso não significa necessariamente que esportistas não passem por problemas em outras esferas sociais. Não é tão raro vermos notícias de jogadores que dirigem embriagados, cometem crimes ou são presos. Se o esporte tivesse o poder que se supõe ter, isso não aconteceria, pois todos os esportistas cumpririam as regras e respeitariam o próximo.

Pense a respeito

Você já deve ter ouvido a expressão "O esporte é bom porque tira os jovens das drogas". Será que essa relação ocorre de forma tão simples assim?

Essa afirmação geralmente está relacionada à percepção do esporte como uma prática positiva, que mobiliza e desenvolve valores morais e também ocupa o tempo livre dos jovens. Porém, o uso de drogas é uma prática mais complexa do que a mera falta de outra atividade no tempo livre ou mesmo o fato de as pessoas não desenvolverem valores positivos. Nesse contexto, ao esporte se dá um grande peso social, e se ignoram as inúmeras outras circunstâncias que levam ao consumo de drogas. Embora essa afirmação coloque o esporte em uma posição privilegiada, uma vez que ela geralmente proporciona a elaboração de programas e o investimento financeiro em projeto esportivos, trata-se de uma relação direta que precisa ser pensada com cuidado pelo profissional de educação física.

Também pode ser um equívoco individualizar a culpa, ou seja, pressupor que o esporte sempre tem efeitos positivos e, consequentemente, aqueles que não aproveitam seus benefícios são apenas exceções à regra. A explicação que parece fazer mais sentido é que a incorporação de valores socialmente aceitos por meio da socialização não ocorre somente em uma esfera, como o esporte, mas mediante um conjunto de experiências e interações no decorrer da vida, que não podem ser resolvidas com uma única ação. Entretanto, esse é um dos mitos que se constroem sobre o esporte na sociedade (Coakley, 2009; 2015).

Avançando nessa reflexão, podemos pensar ainda se o esporte também não promove uma socialização indesejada pelo ponto de vista de promoção de valores que não são positivos. Individualismo, culto ao corpo, vitória a qualquer custo, exclusão e seleção dos mais habilidosos são alguns exemplos de valores que, embora perpassem o esporte, não necessariamente são desejáveis quando se pensa em formação de jovens para a vida em sociedade. Aqui podemos pensar que, uma vez que ser bom ou ruim não é algo inerente ao esporte, ele pode, portanto, ser as duas coisas, a depender da forma como ele é trabalhado.

Nesse sentido, reforçamos a relevância do profissional de educação física, na escola e fora dela, na hora de propiciar experiências e interações socialmente positivas e benéficas para alunos e participantes com base em metodologias que tenham esse propósito.

Dentro das interações sociais que o esporte permite, tanto na prática quanto no consumo, outro propósito que ele pode conter é o da **distinção social**.

Aqui as perguntas que surgem são: "Por que um praticante busca determinado esporte e não outro?"; "Por que atletismo e não natação?"; "Por que golfe e não boxe?"; "Por que assistir ao futebol americano e não ao levantamento de peso?". Por aqui escolhemos esportes bem diferentes, e as respostas para essas perguntas podem ser muitas: por possibilidade de acesso, por recomendação médica, por gosto pessoal, por ser transmitido pelo canal de televisão a que se tem acesso sempre, por ter amigos que o praticam, por ser tradição na família, entre outras possibilidades.

Pense a respeito

Imagine como o meio em que você vive teve ou tem influência nas suas escolhas de atividades relacionadas ao esporte. Seria possível uma pessoa se envolver em uma modalidade esportiva sem conhecê-la ou entendê-la e sem nunca tê-la assistido ou praticado?

No Brasil, no que se refere ao esporte, o futebol é a modalidade mais acessível, uma vez que praticamente todos os meninos e algumas meninas têm possibilidade de praticá-lo na infância. Para alguns, isso se prolonga na vida adulta, especialmente considerando ser um tema presente em discussões cotidianas, com ampla cobertura na mídia. Embora outras modalidades esportivas sejam ensinadas na escola e as pessoas pratiquem os mais diferentes esportes, a aproximação e a continuidade delas é algo que depende da influência de outras pessoas: professores que ensinam, familiares que incentivam (e, com frequência, pagam) ou colegas que praticam.

Por causa desses condicionantes, é comum que alguns esportes fiquem restritos a alguns grupos sociais, especialmente os que compartilham condições financeiras para praticar modalidades esportivas que exigem equipamentos, espaço e condições específicas de investimento.

Aqui podemos pensar no caso dos esportes de inverno, por exemplo. Como não há neve ou temperaturas tão frias no Brasil, os participantes dessas modalidades precisam cumprir alguns requisitos, como morar ou conseguir se manter em países que tenham as condições climáticas e geográficas necessárias (inverno rigoroso, montanhas ou locais internos para esportes como hóquei, patinação e *curling*), para se dedicar ao esporte, ter acesso a equipamentos geralmente produzidos no exterior (*snowboard*, esquis, patins, tacos, roupas, capacetes, luvas etc.) e, em alguns casos, atingir altos níveis de desempenho esportivo.

Pense a respeito

Pesquise na internet o preço de equipamentos, de locação de espaços ou de mensalidades para a prática de golfe, tênis, beisebol e futebol americano. Para que público essas práticas são financeiramente viáveis?

Possivelmente são viáveis para pessoas que possuem recursos financeiros significativos a ponto de poderem investi-los em uma prática esportiva, certo?

Com base nesses exemplos, podemos entender que a distinção social é a categoria sociológica que vai nos ajudar a refletir e interpretar como as escolhas esportivas estão relacionadas ao grupo em que se convive.

Pensamos essa categoria com base no que afirma o sociólogo francês Pierre Bourdieu (2008), que identificou que práticas como a arte, a alimentação, as roupas, a música e também o esporte refletem estilos de vida condizentes com as condições financeiras e a apropriação cultural das pessoas. Ele elucida que o que se considera "luxo" está relacionado às práticas que são pouco acessíveis, diferenciando o praticante daquela modalidade das demais pessoas consideradas de níveis sociais inferiores. No caso do esporte, o autor ainda demonstra, com base na pesquisa que realizou, que há uma tendência das classes dominantes de escolher modalidades que não têm o "corpo a corpo", ou seja, contato físico mais evidente, como ocorre com o boxe ou a luta livre, e sim as que mantêm "distância", como o tênis (separado por uma rede) e o golfe (em que não existe contato nenhum) (Bourdieu, 1983a).

É importante ressaltar que as condições financeiras não são determinantes absolutos para definir quem pode ou não praticar uma modalidade esportiva. É possível que existam intercâmbios e condições que permitam a uma pessoa financeiramente menos privilegiada ter acesso e se manter em modalidades que são tipicamente direcionadas a grupos mais privilegiados. Entretanto, esses casos costumam ser exceção.

Importante!

Distinção social é a categoria sociológica que, se aplicada ao esporte, auxilia-nos na compreensão de que as escolhas para prática de modalidades esportivas têm relação com os grupos sociais de convivência. Com frequência, essas escolhas estão relacionadas às condições financeiras necessárias à prática.

A distinção social é uma categoria relevante para os profissionais de educação física por três motivos.

Primeiro porque ela destaca a importância que esse profissional tem ao poder apresentar as diferentes modalidades esportivas para seus alunos, diversificando as possibilidades de prática e construindo o que alguns chamam de *cultura esportiva*, ou seja, a possibilidade de reconhecer e criar gosto pelo esporte não por meio de uma modalidade, mas pelas inúmeras oportunidades de movimento, desenvolvimento de habilidades e interação. Após serem apresentados às várias modalidades, os alunos podem se identificar com práticas não tradicionais, que servem tanto para indicar habilidades que eles não conheciam (as quais poderão desenvolver) quanto para eles criarem gosto por uma prática que pode mantê-los fisicamente ativos no decorrer da vida.

Segundo, é possível entender por que há uma demanda maior por determinados esportes em detrimento de outros, tanto entre crianças quanto entre jovens e adultos. Embora a partir de determinada idade as crianças exteriorizem seu gosto por uma modalidade ou outra, é provável que no começo da infância os pais priorizem matriculá-las em práticas que eles já conhecem ou com as quais tiveram experiências anteriores. Quando isso acontece com crianças mais novas, elas podem não desenvolver todo seu repertório motor, justamente por terem pouca experiência em diferentes movimentos e práticas. Isso pode gerar limitação para o próprio esporte escolhido, assim como maior dificuldade de adaptação caso a criança posteriormente queira experimentar outras modalidades. Esse fator também pode ter influência na dificuldade que muitos professores têm de atingir um número suficiente de alunos em modalidades menos conhecidas, o que pode demandar um trabalho extra de apresentação da modalidade para pais e alunos.

O terceiro motivo é o possível preconceito que algumas práticas podem sofrer, a depender do grupo ao qual é apresentada. É possível que alguns pais pertencentes a classes financeiramente favorecidas sejam resistentes a que seus filhos participem de aulas de boxe ou luta, por exemplo. Nesse caso, o profissional deve saber claramente os objetivos que terá com essas aulas para poder apresentá-los e defendê-los aos pais e, talvez, a outros profissionais no ambiente escolar e não escolar. De forma semelhante, pais de classes financeiramente desfavorecidas podem duvidar se serão capazes de arcar com os custos de práticas como o tênis ou o *badminton*. No caso de projetos sociais em modalidades que demandem equipamentos e espaços específicos, é importante considerar de onde virão os recursos para aquisição de materiais.

> **Pense a respeito**
>
> Você consegue pensar em outros casos de socialização e distinção social a partir do esporte? Aproveite para procurar na internet alguns exemplos.

5.3 Identidade

Algumas pessoas, quando leem *identidade*, pensam imediatamente no documento que nós, brasileiros, temos de portar (o registro de identidade – RG). Durante boa parte de nossas vidas, o "número da identidade" prova que somos parte da sociedade, sendo o que nos representa perante o Estado brasileiro nos cadastros (tanto oficiais quanto comuns) e em instituições sociais, como escolas, universidades, comércio, trabalho, clubes e ligas esportivas. O documento de identidade também indica nossa nacionalidade, uma vez que estrangeiros, ainda que morem no Brasil, não têm esse documento. Em certo sentido, as características desse documento nos ajudam a entender a categoria sociológica *identidade*. Antes de apontar essas relações, vamos refazer um percurso histórico para entender melhor como chegamos a esse ponto.

Quando abordamos a categoria *catarse*, descrevemos rapidamente o processo de mudança das populações das zonas rurais para as futuras grandes cidades. No contexto rural, as pessoas viviam relativamente isoladas, mantendo contato apenas com familiares imediatos, vizinhos ou pessoas que trabalhavam nas mesmas fazendas. No contexto urbano, essas relações se multiplicam.

A relação com o local de moradia é extremamente relevante para definir o sentimento de pertencimento que as pessoas sentem com relação a determinado grupo ou território – tanto uma cidade quanto um país. Posteriormente, o desenvolvimento industrial e tecnológico permitiu a invenção dos meios de transporte mais rápidos e, no último século, dos meios de comunicação, que passaram a "conectar" as pessoas de forma crescente – no mínimo, elas passaram a reconhecer a existência de outras pessoas, as quais também desenvolviam relações em grupos distintos.

Essa dinâmica, de certa forma, gera uma necessidade de pertencimento e diferenciação que é especialmente importante para que os países unifiquem sua população e defendam seus territórios. Entretanto, para que essa unificação aconteça, não basta somente utilizar o princípio das delimitações geográficas: é preciso que as pessoas que estejam dentro desses limites se sintam parte do país, reconhecendo semelhanças com as demais pessoas que vivem naquele mesmo território (Bauman, 1999). Esse é o ponto em que a categoria *identidade* – nesse caso, especificamente a identidade nacional – passa a se tornar mais complexa.

É difícil descrever exatamente o que faz com que as pessoas se identifiquem a ponto de assumirem para si uma identidade brasileira, argentina, portuguesa ou sul-africana. Na maioria dos casos, isso se explica simplesmente pelo local de nascimento, pela permissão de ter o "documento de identidade" daquele país.

Ainda assim, as possibilidades de intercâmbio e trânsito de pessoas cada vez maiores, como descrevemos na categoria *globalização*, torna essa questão menos evidente nos dias de hoje. Podemos pensar, por exemplo, nos brasileiros que vão morar no exterior. Em outro país, são sempre reconhecidos como estrangeiros, mas no decorrer do tempo eles mesmos passam a se identificar com alguns valores locais e a se distanciar dos valores do Brasil, a ponto de perderem os laços de identificação. Podem, ainda, constituir família, com cônjuges locais ou também estrangeiros. Nessa constituição familiar, seus filhos podem nascer, por exemplo, na Alemanha, mas com um pai brasileiro e uma mãe russa que vivem há 20 anos nesse país. Essas novas conformações familiares têm se tornado comuns, principalmente na Europa, em que o trânsito de pessoas entre os países é maior.

Isso gera uma nova perspectiva sobre o que é identidade – no nosso exemplo, a criança nascida na Alemanha pode assumir oficialmente uma identidade alemã, mas a influência cultural de seus familiares do Brasil e da Rússia, sem dúvidas, afeta sua personalidade, o que torna a identificação com seu país natal não necessariamente completa. Por outro lado, a convivência com pessoas na Alemanha aproxima essa criança mais da cultura alemã do que das culturas dos países de origem de seus pais.

Pense a respeito

Procure informações sobre os atletas que se naturalizaram brasileiros. Qual é a história de vida deles? Quais são os aspectos de aproximação com o país?

Essa questão da identidade nacional, quando transposta ao esporte, também pode se tornar complexa. Na categoria *globalização*, falamos sobre o trânsito de atletas entre diferentes países, seja para participação em competições, seja pela "naturalização" de estrangeiros para atuarem defendendo outro país.

Pense a respeito

O que é mais importante: o nome da equipe (Brasil, por exemplo) ou o local de nascimento dos jogadores?

Um atleta estrangeiro que foi naturalizado brasileiro por viver muitos anos no país é visto da mesma forma que um atleta estrangeiro que pouco conhece do Brasil, mas foi naturalizado para uma competição específica?

Podemos considerar brasileiro um atleta que nasceu no Brasil, mas morou toda sua vida em outro país, sem saber falar português e sem se identificar com o Brasil?

Será que no esporte é relevante para os torcedores a história de vida do atleta? Ou o simples fato de ele, legalmente, estar representando seu país é o que interessa na celebração das conquistas?

Essas são algumas questões bastante recentes no cenário brasileiro que podem ser objeto de estudo acadêmico e têm relação direta com a discussão de identidade nacional no esporte. Aqui é fundamental pensar a identidade nacional como uma **escolha política** (escolher pertencer a tal país para representá-lo nas competições esportivas) ou como uma **versão étnica** (que é invariável por ser imposta pelo local de nascimento).

Para Zygmunt Bauman (2004), a identidade é mutável durante a vida, pois ela pode ser negociável e revogável, de acordo com as escolhas dos indivíduos, embora haja uma percepção de que a identidade nacional seja unicamente constituída com base no local de nascimento.

É nessa linha que pode ocorrer a diferenciação entre Estado e nação, visto que o Estado é responsável por organizar, especialmente por leis, o conjunto de pessoas que habita o território, a nação. Bauman (2004) ainda indica que, por essas características, a identidade nacional é a única das identidades que exige uma "fidelidade", ou seja, ela é entendida como um princípio na vida das pessoas em que não se vislumbraria competição. De certa maneira, apesar da possibilidade de negociação (tal como descrevemos nos exemplos anteriores), ainda temos o ímpeto de valorizar o local de nascimento em nossos relacionamentos e mesmo em nossos julgamentos. Para quem vive em um país diferente do de seu nascimento (em alguns casos, em uma cidade ou estado diferente no mesmo país), com frequência há a sensação de um pertencimento incompleto, já que, por um lado, há a identificação pela vida que vem sendo construída nesse novo local, e, por outro, há a sensação de não pertencimento a esse local.

> **Importante!**
>
> De acordo com Bauman (2004), não existe uma única identidade, coesa e indivisível, visto que ela é algo flexível e mutável, razão pela qual o autor opta pelo uso do termo no plural: *identidades*.

Outra possível interpretação para a identidade está na percepção de que sua constituição ocorre por meio das relações construídas pelas pessoas. Segundo essa ideia, a identidade seria construída com base nas influências da família, da comunidade onde se vive, da religiosidade presente nas relações anteriores, no ambiente escolar e de trabalho, no clube que se frequenta, no time para o qual se torce, e assim por diante.

Essa linha se difere da chamada *pós-modernidade*, defendida por Bauman (2004). O autor tem como pressuposto que as relações sociais contemporâneas são muito flexíveis e que as oportunidades de relacionamentos são muito variáveis e tendem a ser de curta duração. Assim, a maioria das pessoas foge da "inflexibilidade" também em suas identidades. Indicando que não há uma única, indivisível e coesa identidade. Isso explica por que as pessoas também alternam identidades individuais, que geralmente vêm acompanhadas de objetos de consumo que podem provocar efeito na aparência, como o estilo de roupas, a tecnologia que se utiliza e o meio de transporte que se prioriza. Aqui podemos relacionar a questão da identidade com a da distinção social.

Considerando essa categoria anteriormente discutida, também o esporte pode ser um meio para construção de identidades individuais que sejam reconhecidas e se diferenciem das demais. Para Bauman (2004), essa experimentação pode ser interminável, ou seja, pode durar toda a vida. Por essa razão, o autor, ao contrário do esperado, reconhece que já não há rigidez ou determinação das relações com base nas instituições (escola, família, trabalho, religião).

Importante!

A categoria *identidade* tem como princípio a percepção de semelhanças e do pertencimento entre uma ou mais pessoas que compõem um grupo social. Ela é bastante discutida na perspectiva das identidades nacionais, que estão cada vez mais complexas.

Independentemente da linha teórica, para além da identidade nacional, podemos pensar a importância da **identidade no esporte**. Para alguns praticantes, a apropriação e o sentimento de pertencimento a uma modalidade ou equipe são tão fortes que eles tendem a considerar o esporte como elemento que caracteriza sua própria identidade.

No caso dos atletas profissionais, isso pode ter relevância ainda maior durante a carreira e, até mesmo, após o término dela, visto que eles podem fazer parte de equipes máster, ser membros da equipe técnica ou atuar na gestão esportiva. Esses exemplos não devem ser vistos como restritivos de profissão. O envolvimento e, com frequência, o sentimento de pertencimento àquele grupo que trabalha com determinada modalidade moldam as escolhas profissionais. Geralmente, a própria escolha de cursar educação física no ensino superior é consequência da proximidade positiva vivida no esporte, a ponto de os estudantes terem como intenção seguir carreira na área.

Preste atenção!

Há pessoas que tatuam o escudo de um clube de futebol no próprio corpo, ou mesmo os símbolos de suas respectivas torcidas organizadas. O que isso reflete? O que isso significa socialmente?

No limite, estamos diante de manifestações explícitas de pertencimento a um grupo social – ou instituição – no qual essas pessoas veem valores e aproximações conceituais que definem seus comportamentos.

> **Pense a respeito**
>
> Você consegue pensar em outros casos de identidade no esporte? Aproveite para procurar na internet alguns exemplos.

5.4 Corporeidade

Corporeidade é o conceito utilizado para abordar a relevância dos corpos como meio de os seres humanos se relacionarem com o mundo. Em outras palavras, por meio de nosso corpo vivemos e nos fazemos presentes neste mundo.

O sociólogo David Le Breton (2006) evidencia essa questão quando argumenta que é pelo corpo que as pessoas percebem o mundo, expressam seus sentimentos, passam por distintas experiências, apresentam-se na sociedade e também interpretam as informações externas. Entretanto, tudo isso só é possível quando, por intermédio desse meio físico, uma série de sistemas simbólicos culturais e sociais possibilitam dar sentido e significado às experiências e percepções.

Assim, desde criança começamos a conhecer o mundo mediante nosso corpo, desde as percepções iniciais de quem são as pessoas e o que são os objetos a nossa volta até a forma como nossos pais, familiares e comunidade nos ensinam comportamentos, regras e o modo como devemos nos relacionar com outras pessoas e com o mundo.

Nesse sentido, outras categorias apresentadas anteriormente teriam no corpo um meio para percepção e manifestação. Por exemplo, a forma como homens e mulheres devem se comportar em público pode indicar parte de uma ideologia dominante; a forma de se cruzar os braços ou expressões faciais podem representar resistência e violência; pelo corpo e mediante socialização, adultos podem tentar ensinar regras e valores para crianças; a forma de andar, de se vestir, de utilizar acessórios e de se apresentar em público pode representar a distinção social; expressões faciais, gestos e movimentos corporais podem manifestar a emoção na catarse; e assim por diante.

Quando falamos em corporeidade, o corpo em si, como matéria, tem relevância se visto em um escopo cultural e social localizado no tempo e no espaço, já que é por meio desse escopo que ele faz sentido (Le Breton, 2006). Para utilizar um exemplo extremo, podemos pensar que um corpo seminu pode ser ofensivo se estiver em ambientes profissionais ou religiosos, mas que é aceitável em algumas sociedades praianas.

Importante!

A corporeidade é a categoria que expressa como o corpo é relevante para perceber, apresentar e interpretar a posição do próprio indivíduo e dos outros nos mais diversos contextos sociais.

Considerando que o esporte é um lugar privilegiado para manifestações corporais, há diversas questões que podem ser abordadas pela categoria *corporeidade*. Quando analisamos os significados sociais e culturais do corpo, podemos pensar nas técnicas utilizadas nos esportes em geral, que são combinações de movimentos – algumas vezes, entre duas ou mais pessoas – para se realizar uma jogada ou uma *performance*. Alguns desses movimentos só têm significado no campo esportivo (por exemplo, no cotidiano as pessoas não usam o movimento de manchete do voleibol – ver Figura 5.1). Em contrapartida, outros movimentos são aplicáveis a (e até "imitam") ações do cotidiano, como a corrida, o salto, o hipismo (cavalgar) e até o tiro com arco e o tiro esportivo. Com isso queremos demonstrar que, embora as expressões corporais por meio de gestos possam ter significados específicos que só fazem sentido no esporte, há também gestos comuns que foram apropriados e ressignificados pelas modalidades esportivas.

Figura 5.1 Movimento de manchete no voleibol

OSTILL is Franck Camhi/Shutterstock

Pense a respeito

Busque em diferentes modalidades quais são as etapas anteriores (hino, cumprimentos, apresentação etc.) ao início da competição esportiva propriamente dita. Qual é a postura corporal esperada dos atletas em cada uma das partes? O que essa postura representa?

A imagem de que os atletas devem servir de exemplo, em uma ação que demonstra valores morais positivos do esporte, é bem representada nesses momentos. Apesar das disputas esportivas, os atletas devem ser cordiais, cantar o hino, posicionar-se de forma ereta, demonstrando respeito à bandeira e à solenidade. Qualquer mudança nesse posicionamento pode indicar uma "afronta", um "desrespeito", ou demonstrar que o atleta "não deveria estar na posição em que estava", de representação de sua equipe ou seu país.

Ainda com relação aos significados, podemos pensar na gestualidade dos árbitros, geralmente específica para cada modalidade esportiva, bem como na prescrição sobre a postura e o comportamento correto nas competições.

No basquete, por exemplo, um gesto visto como desrespeitoso por um atleta ou técnico pode ser considerado "falta técnica". Na ginástica artística, antes de iniciar a apresentação, os atletas devem se "apresentar" aos árbitros.

Figura 5.2 Árbitro sinalizando falta técnica no basquetebol

patrimonio designs ltd/Shutterstock

Em outra linha, podemos pensar nos imaginários sobre o corpo, ou seja, nas interpretações que são construídas no decorrer do tempo que influenciam a forma como concebemos ou pressupomos o que o corpo "é" ou "deveria ser". Nesse sentido, existem entendimentos construídos socialmente sobre saúde que não são necessariamente ideais para todas as pessoas, embora influenciem o que é visto como belo e saudável, como é o caso dos padrões de altura e de medidas abdominais, de coxas e de braços.

Esses entendimentos são extremamente relevantes na educação física, visto que essa área é a principal formadora de profissionais que são procurados para "modelar" os corpos conforme as compreensões mais comuns sobre o que é saudável e belo. É comum que os alunos apresentem aos professores como objetivo ter um corpo bonito, como se beleza corporal fosse um conceito autoexplicativo. Torna-se tarefa difícil para o profissional quebrar esse paradigma e argumentar que nem sempre as pessoas serão capazes de transformar seus corpos conforme suas expectativas ou modelos entendidos como "ideais". Como consequência, há uma demanda por tecnologias que possibilitem essas modelagens, mesmo que de maneira não natural, como uso de substâncias anabolizantes e cirurgias plásticas, além de uma série de medicamentos e tratamentos que nem sempre se mostram saudáveis.

Pense a respeito

Quais mudanças recentes podem ser observadas nas características físicas daquilo que se considera um "corpo perfeito" para homens e mulheres? Observando imagens antigas de ídolos e imagens atuais, quais são as principais diferenças que você consegue verificar?

Ainda de acordo com esse imaginário, podemos identificar diferentes expectativas ou valorações sobre os corpos de homens e mulheres, de jovens e idosos e de diferentes grupos étnicos, assim como sobre diferentes tipos de habilidades. Nesse aspecto, podemos relacionar as categorias *corporeidade* e *diversidade*.

A educação física, mediante o esporte, também pode ser uma área que promove a diversidade corporal se considerarmos que as modalidades esportivas, em alto rendimento, têm diferentes necessidades no que se refere às formas corporais. Apresentar esse debate não significa definir a oferta de atividades com base nos corpos que as crianças possuem na infância: por exemplo, definir que os mais altos pratiquem apenas basquete e os mais baixos, ginástica. Indicar as diferentes possibilidades de formas corporais por meio de atletas adultos evidenciará que não existe um corpo "ideal" no esporte. Assim, será possível enfatizar diversas habilidades produzidas pelos corpos e desmitificar a existência de um suposto corpo ideal a ser conquistado.

Importante!

O profissional de educação física deve ter o cuidado para não reforçar estereótipos e reproduzir desigualdades.

É claro que, como temos discutido durante todo o livro, o esporte como parte da sociedade também acaba por reproduzir os problemas e as desigualdades. Isso também acontece quando selecionamos o corpo como objeto de estudo, em que relações políticas, econômicas e sociais desiguais são evidenciadas. O corpo pode ser o meio principal de representação dessas desigualdades, especialmente quando sua forma não atende às expectativas dos demais componentes do grupo. Nesse sentido, podemos pensar naquilo a que atualmente se dá o nome de *bullying*, que pode se apresentar como racismo, xenofobia, islamofobia e outras formas de segregação.

Além disso, nas últimas décadas tem havido uma acentuação do corpo não como ele é, mas como aparenta ser, especialmente se considerarmos o relacionamento nas chamadas *mídias sociais*. Podemos pensar em como o corpo nesses ambientes virtuais é transformado em uma foto acompanhada de um nome ou apelido (não necessariamente verdadeiro), algo que permite comportamentos ou manifestações que não se realizariam em uma relação face a face.

A valorização da imagem como representação da pessoa parece exacerbar a busca por corpos "perfeitos" ou, ainda, a alteração deles mediante utilização de programas de edição de imagens, visando uma representação positiva da pessoa diante de seus conhecidos e "seguidores" desconhecidos. Nessas novas lógicas, abre-se uma ampla gama de possibilidades e aspectos que merecerão a atenção dos profissionais de educação física.

> **Pense a respeito**
>
> Você consegue pensar em outros casos de corporeidade relacionada ao esporte? Aproveite para procurar na internet alguns exemplos.

5.5 Ecologização

Como em outras categorias abordadas neste capítulo e no anterior, os processos de industrialização e urbanização também são chaves para se entender a ecologização. Ambos os processos geraram o afastamento de muitas sociedades do contato com a natureza – entendida aqui como espaço não modificado pelos seres humanos. Especialmente nos últimos dois séculos, a natureza foi vista como fonte de recursos a serem transformados em produtos de consumo e, em alguns casos, como impedimento para o suposto "desenvolvimento" das cidades.

Autores de inclinação marxista interpretam que a natureza é vista como mercadoria pelo sistema capitalista e que essa relação não se mostra mais possível, tendo em vista os danos que tem causado. Diante da falta de cuidado com esses recursos, começamos a visualizar a possibilidade de esgotamento de alguns deles, o que se soma à extinção de espécies de animais e vegetais – ações que, potencialmente, ameaçam o equilíbrio ambiental e até nossa sobrevivência neste planeta.

Especialmente com base nesse argumento, há uma comoção dos países para redução dos danos e recuperação das perdas ambientais, bem como uma crescente conscientização das pessoas – especialmente nos países ditos desenvolvidos – para reduzir impactos e buscar novos meios de vida sem ocasionar mais problemas ambientais.

Para Sergei Moscovici (2007), autor que influencia o repensar da relação sociedade e natureza desde os anos de 1970, essas consequências devem nos fazer rever a forma pela qual nos organizamos como sociedades, o papel dos governos e até mesmo a ocupação do espaço geográfico. Nesse sentido, o autor discorda da ideia de "retorno à natureza", por entender que a natureza não é um espaço controlável ou moldável, do qual podemos sair e para o qual podemos voltar.

Moscovici (2007) argumenta que devemos entender a natureza como parte dos seres humanos e das sociedades, deixando de lado a ideia de que são coisas distintas e opostas. Não faria sentido um retorno ao tempo das cavernas, dado o percurso histórico da maior parte das sociedades contemporâneas, mas é viável reconhecer e se apropriar do fato de que a natureza faz parte da vida neste planeta.

Esse reconhecimento acontece ao darmos importância a questões tidas como secundárias, como o conhecimento e a experiência acerca de sabores, odores e sensações, em comparação ao que se considera científico ou avançado. Por exemplo, pensemos em alguns preconceitos que se criam contra pessoas do mundo rural, que, por vezes, são julgadas "ignorantes" por não utilizarem o português "correto" ou por não conhecerem as mais recentes tecnologias, ainda que tenham conhecimentos sobre biologia, meteorologia e astronomia decorrentes de suas experiências práticas e cotidianas. Nesse sentido, avançar na percepção de que a natureza deve fazer parte da nossa sociedade e compor nossa cultura significa valorizar esses conhecimentos e experiências, sem apontá-los como menos importantes.

Em se tratando da área de educação física, a questão da ecologização está relacionada especialmente às chamadas *atividades físicas na natureza*.

Importante!

Ecologização é o processo de reconhecimento da importância e da apropriação da natureza no cotidiano das sociedades e na rotina dos seres humanos.

É interessante pensar que várias dessas atividades são consideradas atividades "de aventura", no sentido da descoberta de novas sensações e emoções que fogem à rotina das grandes cidades. Entre as modalidades mais conhecidas estão o surfe, o *bodyboarding*, a canoagem, o remo e a vela (que são atividades aquáticas relativamente comuns), assim como o *rafting*, o rapel, a escalada, o *bungee jump* e o paraquedismo.

Podemos pensar ainda em modalidades esportivas tradicionais que utilizam ou se modificam para se apropriar de espaços naturais ou abertos, como o atletismo pela corrida de rua, pela corrida de aventura e pela caminhada em montanha (*trekking*); a natação com provas em mar aberto (maratona aquática); o triatlo e o ciclismo de estrada, realizados em ambientes abertos; assim como o futebol, o handebol, o voleibol e até o basquetebol praticados na areia. Embora no Brasil não tenhamos condições climáticas favoráveis para os esportes de inverno, também podemos incluir nessa lógica práticas como o *snowboard* e as modalidades de esqui (*cross-country*, biatlo, alpino, livre, salto e nórdico).

Pense a respeito

Busque vídeos e informações sobre as modalidades tradicionais que se adaptam a ambientes diferenciados (veja o exemplo anterior sobre os esportes praticados na areia). Qual é a motivação para a mudança de ambiente? Que tipo de modificações nas regras são necessárias?

Algumas vezes, essa motivação pode ser simplesmente chamar a atenção a fim de promover a modalidade ou um produto em específico. Outras vezes, pode ser um meio de promover ainda mais a modalidade, adequando-a às condições ambientais (neve, frio, sol, calor, vento etc.), o que pode demandar ajustes sobre o que é considerado válido ou não nos gestos técnicos, no uso de equipamentos, nas faltas e sanções, e assim por diante.

Apropriando-nos do que Moscovici (2007) defende, podemos pensar também em como incorporar a natureza de maneira mais cotidiana ao esporte, desde os cuidados com o impacto ambiental que as práticas e os espetáculos esportivos geram até uma percepção mais consciente em defesa de espaços públicos que combinem práticas físicas e esportivas com preservação ambiental.

A preservação de rios e lagos, com conexão entre si para trânsito de animais, especialmente pela criação de parques, por exemplo, permite uma "exceção" nas rotinas urbanas que pode ser aproveitada para momentos de lazer e para locais de práticas esportivas.

Pense a respeito

A realização de práticas corporais na natureza, mesmo que sem intenção, produz impactos e, por vezes, danos. Que tipos de cuidados devem ser tomados para que esses danos sejam os mínimos possíveis?

No mínimo, espera-se que os praticantes recolham qualquer embalagem que tenham levado para esses ambientes, assim como evitem retirar flores e plantas do lugar e fazer fogueiras. Também é importante que sigam as trilhas já existentes (sem abrir novas) e zelem pela fauna do local.

Nessa mesma linha de incorporação da natureza, práticas corporais desenvolvidas no oriente têm sido apropriadas no Ocidente, como é o caso da ioga e do *tai chi chuan* (Benatto, 2016).

Com base em filosofias que buscam a associação entre corpo e natureza, praticantes acabam adotando outras ações relacionadas, como meditação, cuidados com a alimentação (com frequência, vegetarianismo[2] e veganismo[3]) e uma nova relação na perspectiva de atenção e cuidado com a natureza.

O crescimento de pessoas que têm adotado uma alimentação que exclui carnes e produtos provenientes de fontes animais também tem influenciado a educação física. Afinal, essas novas formas de nutrição têm demandado a atenção dos profissionais que lidam com questões de saúde e rendimento, que precisam se para informar e produzir pesquisas sobre seus efeitos nos exercícios e nos corpos (Jager et al., 2017).

É provável que se acentue a intenção de aproximação e incorporação da natureza mediante atividades físicas e esportivas, inclusive entre as crianças que vivem nas zonas urbanas. As atuais gerações adulta e idosa, de maneira geral, ainda tiveram a chance de desfrutar de um contato maior com a natureza quando jovens, ao passo que as novas gerações parecem não ter a mesma possibilidade. Essa questão, somada à tecnologia e aos riscos de violência nas grandes cidades (que tendem a manter as

---

[2] Opção de alimentação que exclui o consumo de carnes.

[3] Opção de alimentação que exclui todos os tipos de alimentos de fonte animal, como carnes, laticínios e ovos.

crianças em locais fechados), pode gerar uma futura demanda de locais e meios para que essas gerações convivam com a natureza, processo para o qual a educação física é um possível facilitador.

Pense a respeito

Você consegue pensar em outros exemplos de como a relação com a natureza se manifesta no esporte? Aproveite para procurar na internet alguns exemplos.

Síntese

Categoria	Significado	Exemplo
Catarse	Expurgar (colocar para fora) emoções, gerando sensação de purificação.	Emoções dos torcedores nos jogos de futebol; esportes radicais.
Violência	Manifestação física, verbal ou simbólica contra algo ou alguém.	Brigas e discussões dentro e fora de campo; impedimento ou falta de suporte para a participação esportiva.
Socialização	Processo de educar ou instruir as gerações mais novas para conviverem socialmente com base em regras e valores sociais.	Aprendizagem de valores pela prática esportiva (exemplo: por meio de projetos sociais).
Distinção social	Escolhas esportivas estão relacionadas ao grupo em que se convive e podem ter como propósito diferenciá-lo dos demais.	Prática de esportes a partir das experiências da família e dos amigos; tendência de os mais ricos, economicamente falando, optarem por modalidades de distância (golfe e tênis) e evitarem as de contato físico (boxe e lutas).

(continua)

(conclusão)

Categoria	Significado	Exemplo
Identidade	Sentimento de pertencimento que agrupa pessoas em torno de um elemento de aproximação comum.	Atletas representando seus países de nascimento ou de naturalização em competições esportivas; incorporação do esporte como parte constitutiva de quem se é.
Corporeidade	A relevância dos corpos como meio de os seres humanos se relacionarem com o mundo.	O corpo como materialização de outras categorias sociológicas; técnica e gestualidade como parte do esporte; corpo "a ser modelado" pela educação física.
Ecologização	O entendimento de que a natureza deve ser vista como componente da vida das pessoas.	Atividades físicas na natureza; modalidades esportivas em ambientes abertos (exemplo: ioga e *tai chi chuan*).

Indicação cultural

Filme

GREEN Street Hooligans. Direção: Lexi Alexander. Reino Unido; EUA: Califórnia Home Vídeo, 2005.

Esse filme conta a história de um jovem que foi expulso injustamente de sua universidade nos Estados Unidos e decide ir morar com sua irmã em Londres. Seu cunhado o apresenta para seus amigos, que são torcedores de futebol conhecidos como *hooligans*. Essa experiência muda sua vida, criando uma nova identidade que o leva a lidar com a violência. Outros dois filmes de continuação foram lançados em 2009 (*Green Street Hooligans 2*) e 2013 (*Green Street Hooligans 3*).

Atividades de autoavaliação

1. Sobre as categorias *violência* e *catarse*, analise as alternativas a seguir.

    I. O esporte proporciona um espaço para liberação de emoções que geralmente não são permitidas em outros ambientes sociais.
    II. A violência pode ser física, verbal ou simbólica.
    III. A iminência do risco não permite que a catarse aconteça.
    IV. No esporte, a violência física pode acontecer entre praticantes e espectadores, embora seja proibida na maioria das modalidades pelas regras esportivas e sociais.

    São corretas apenas as afirmativas:
    a) I, II e III.
    b) I e III.
    c) II e IV.
    d) I, II e IV.
    e) II, III e IV.

2. Tendo em vista o papel do profissional de educação física, assinale V para as afirmações verdadeiras e F para as falsas.

    ( ) O esporte pode promover valores positivos e negativos, dependendo de como ele é ensinado.
    ( ) O profissional de educação física nunca deve incentivar alunos de classes econômicas mais altas a praticar esportes de contato.
    ( ) Uma vez que é responsabilidade da escola e da família, o ensino de valores não acontece pelo esporte.
    ( ) O profissional de educação física deve ensinar somente os esportes preferidos dos alunos.

    Agora, assinale a alternativa que apresenta a sequência correta:
    a) V, F, V, F.
    b) V, F, V, V.

c) F, V, V, F.
d) V, V, F, F.
e) V, F, F, F.

3. Sobre a categoria *identidade*, assinale a alternativa correta.

    a) A identidade é um sentimento de pertencimento coletivo que aproxima e diferencia grupos sociais.
    b) A construção de uma identidade nacional é típica do esporte, não tendo impacto em outras esferas de cada país.
    c) O esporte cria o sentimento de pertencimento provisório, não sendo duradouro o bastante para construir uma identidade.
    d) Há um consenso de que a identidade é invariável durante a vida dos indivíduos.
    e) A atuação de atletas em países diferentes daqueles onde nasceram evidencia que a identidade é financeiramente negociável.

4. Tendo em vista a categoria *corporeidade*, assinale V para as afirmações verdadeiras e F para as falsas.

    ( ) O corpo pode ser compreendido como a materialidade de uma pessoa.
    ( ) Elementos culturais e sociais não permitem que um gesto com o corpo tenha uma interpretação única.
    ( ) O esporte coloca o corpo em evidência, já que demanda uma *performance* física.
    ( ) Há um tipo de corpo ideal para o esporte, que é buscado por todos aqueles que querem se tornar um atleta em qualquer modalidade.

    Agora, assinale a alternativa que apresenta a sequência correta:

    a) V, F, V, F.
    b) V, F, V, V.
    c) F, V, V, F.
    d) V, V, V, F.
    e) F, V, F, F.

5. Sobre a categoria *ecologização*, analise as assertivas a seguir.
   I. A industrialização e a urbanização causaram um afastamento da natureza da rotina das pessoas.
   II. Deve existir um esforço para se priorizar somente o conhecimento técnico-científico, que é mais relevante que as experiências e sensações aprendidas na natureza.
   III. Existem esportes criados e adaptados para serem praticados em áreas abertas.
   IV. Educação física pode provocar a ponte entre as sociedades urbanas e a natureza.

   São corretas apenas as afirmativas:
   a) I, II e III.
   b) II e IV.
   c) I e III.
   d) I, II e IV.
   e) I, III e IV.

Atividades de aprendizagem

Questões para reflexão

1. Analise as 14 categorias apresentadas nos Capítulos 4 e 5 e, na sequência, relacione-as com as teorias examinadas no Capítulo 3.

2. Escolha uma área de atuação do profissional de educação física – pode ser aquela em que você gostaria de atuar – e indique quais categorias são mais evidentes ou relevantes considerando-se os problemas e desafios que se apresentam.

Atividade aplicada: prática

1. Escolha uma das categorias vistas neste capítulo e faça uma lista de outros casos e exemplos do esporte que ainda não foram abordados. Descreva a situação, o local em que o caso ocorreu, a modalidade esportiva em questão e o ano.

Capítulo 6

Campos de análise da sociologia do esporte

Neste último capítulo, aplicaremos o conhecimento visto nos capítulos anteriores a campos de análise. Todos eles se relacionam com as teorias e categorias, diferenciando-se por serem discussões e tendências que permitem realizar a análise por mais de uma teoria e categoria.

Para isso, apresentaremos na sequência as principais inter-relações que se estabelecem entre esses campos de análise e o esporte, demonstrando suas mútuas influências – ou seja, como esses campos influenciam o esporte e vice-versa. O objetivo é utilizá-los como exemplos de possíveis aplicações do fazer sociológico, da compreensão do esporte pela sociologia e das teorias e categorias abordadas nos capítulos anteriores. Novamente, lembramos que essas são aplicações/reflexões possíveis, e não as únicas existentes; conforme cada caso, é possível utilizar outras teorias e categorias para interpretação.

Nesse sentido, fica o convite aos interessados: aprofundem-se na sociologia do esporte para estudar e incorporar outros autores, teorias e possibilidades de análise, a fim de qualificar ainda mais as leituras sobre o esporte na sociedade.

Importante!

Campos de análise são assuntos ou temas mais amplos que podem ser abordados pela perspectiva da sociologia do esporte, com aplicação das teorias e categorias apresentadas no decorrer do livro.

6.1 Desvios e inclusão social

Nesta obra, o termo *desvios* faz referência a comportamentos, atitudes e ideias que fogem do que é considerado normal ou aceitável pela sociedade, diferindo tanto das normas ditas formais (leis e regras escritas, de comum acordo e compreensão) quanto das informais (que não estão escritas e regulamentadas, mas sobre as quais se tem um entendimento genérico). Nesse sentido, há inúmeras possibilidades de análise, desde o comportamento que vai contra as regras no campo de jogo (colocar a mão na bola no futebol, por exemplo) até a possibilidade ou não de atletas que usam próteses nas pernas competirem com atletas sem próteses (caso do sul-africano Oscar Pistorious na prova de revezamento de 400 m nos Jogos Olímpicos de Londres, em 2012).

De acordo com Coakley (2009), existem quatro grandes problemas ao se estudar esses **desvios no esporte**, conforme demonstrado a seguir.

- **Primeiro**: Há uma grande quantidade de tipos e causas de desvios, o que não permite que uma única teoria seja capaz de explicar todos os casos e suas formas. Como os acontecimentos têm causas e características muito diversas, bem como personagens variados (atletas, técnicos, gestores e torcedores), cada situação deve ser considerada em seu contexto.
- **Segundo**: Algumas atitudes que são aceitas no esporte não o são na sociedade e vice-versa. Por exemplo, socos e chutes fazem parte de alguns esportes de combate, mas não são tolerados em outros ambientes. Abordamos essa questão quando apresentamos as categorias *catarse* e *violência*. No sentido contrário, embora as pessoas costumem participar de festas e eventos sociais, com atletas isso costuma ser visto de maneira negativa, especialmente se eles estiverem no meio de uma temporada ou próximos a competições importantes – nesse sentido, a imagem deles pode ser afetada, podendo gerar desconfiança quanto aos seus desempenhos esportivos.
- **Terceiro**: Os desvios geralmente não significam que as normas serão rejeitadas, mas que elas serão aceitas de maneira acrítica. Muitas vezes, são considerados bons atletas aqueles que se comprometem 100% do tempo, muitas vezes excedendo os limites de seus corpos e de seu bem-estar, tanto no processo de formação quanto ao se

tornarem profissionais. Tamanho sacrifício pessoal tende a ser visto como positivo por técnicos e torcedores, que ignoram o que o atleta perde em termos de experiências de vida, de convivência com a família e de saúde, no sentido amplo do termo.

- **Quarto:** O desenvolvimento da ciência e da tecnologia no esporte está tão avançado que é difícil traçar limites sobre o que deve ou não ser aceito. O nível de desempenho chegou praticamente ao ápice, de forma que é praticamente impossível um atleta se manter em alto nível sem utilizar suplementos alimentares, técnicas de treinamentos exigentes e ter acompanhamentos frequentes em variáveis biológicas de desempenho. Ao buscar extrapolar os limites humanos, o esporte em si mesmo pode ser considerado um desvio do que é visto como normal na sociedade – especialmente o de rendimento.

Importante!

Desvios são comportamentos, atitudes e ideias consideradas anormais ou inaceitáveis por regras formais ou informais da sociedade.

Exemplificando alguns dos tipos de desvios, podemos pensar naqueles que acontecem no jogo e no esporte, como trapaças, enganação, fraudes, perda proposital de pontos e partidas, comportamento injusto e envolvimento em brigas, utilização de substâncias não autorizadas e violação das regras do jogo.

Considerando toda a cobertura midiática e a crescente expectativa de torcedores e patrocinadores por comportamentos exemplares dos atletas, a quantidade de regras nos esportes tem crescido nos últimos anos, o que causa maior probabilidade de os atletas serem considerados desviantes e serem pegos pelas câmeras. Entretanto, talvez a questão mais problemática no esporte atual seja o uso de substâncias não autorizadas, o que geralmente se considera *doping*.

Importante!

Doping é um termo que vem ganhando uma conotação cada vez mais negativa, razão pela qual alguns mitos precisam ser desconstruídos (Coakley, 2009).

Primeiramente, precisamos entender que *doping* só é assim considerado se a substância ou método utilizado for proibido. Nesse contexto, é preciso entender que há milhares de substâncias e métodos que ajudam na melhoria do desempenho e que, embora não sejam considerados *doping* por órgãos e associações esportivas nacionais e internacionais, podem trazer igualmente vantagens desproporcionais entre os atletas. Por exemplo, existem atletas que utilizam estruturas e equipamentos profissionais e tecnologia em seus treinamentos, que garantem vantagens em comparação a seus concorrentes, especialmente aqueles de países considerados mais pobres. Entretanto, isso não é interpretado como *doping*.

É um mito pensar que *doping* é algo novo. Há indícios históricos de que competidores dos mais diferentes níveis esportivos consumiam substâncias visando uma melhoria no desempenho. O que há nos dias atuais é maior variedade e alta tecnologia e ciência no desenvolvimento dessas substâncias e métodos. Como consequência disso, é impreciso afirmar que a televisão e os recursos financeiros seriam os responsáveis pela disseminação da divulgação do *doping*, até porque o entendimento social de que o *doping* no esporte é negativo seria maléfico para esses negócios.

Outro mito é o de que o consumo de substâncias ocorre com atletas que querem se esforçar menos ou simplesmente trapacear os demais. Na verdade, são os atletas mais dedicados que tendem a utilizá-las, visto que buscam ultrapassar barreiras e não priorizam sua saúde ou bem-estar nesse processo. Isso fica evidente não apenas pelo uso de substâncias proibidas pelos atletas, mas também quando estes precisam perder peso e fazem dietas muito restritivas ou quando competem mesmo sabendo que estão lesionados.

Por último, não há uma linha delimitada sobre o que deve ou não ser considerado *doping*. Geralmente são levadas em conta substâncias estranhas ao corpo, que não são naturais, normais, justas ou saudáveis – sendo, por isso, ilegais no esporte. Entretanto, essa justificativa não é suficiente, já que alguns remédios são autorizados e outros não, assim como algumas substâncias naturais são proibidas, ao passo que algumas substâncias sintéticas são permitidas. Por exemplo, há métodos perigosos para a saúde que não são proibidos, mas reinjetar o próprio sangue é. Isso gera lacunas que podem ser aproveitadas pela indústria, que cria ou utiliza substâncias que melhoram a *performance* sem que elas sejam necessariamente consideradas *doping*. Tendo em vista esse cenário, o *doping* no esporte é um tema que nas últimas décadas tem sido bastante desafiador do ponto de vista ético, biológico e de gestão.

Pense a respeito

Demonstramos que no esporte existe o pressuposto de a competição ser justa para todos os participantes, segundo um princípio de igualdade de condições. Considerando o que foi discutido até aqui, quais variáveis podem influenciar a igualdade de condições entre os atletas em uma competição? Reflita sobre essas condições nas modalidades de alto rendimento e nas competições de níveis inferiores.

É possível considerar que a má nutrição durante as fases de crescimento pode diferenciar futuros atletas que tenham tido ou não maior ou menor condição financeira e suporte alimentar ideal. Além disso, as condições de treinamento podem influenciar no aperfeiçoamento técnico deles, como o uso de equipamentos e das instalações esportivas ideais, bem como a manutenção da frequência – que para alguns pode ser comprometida se houver dificuldade de locomoção – ou a presença de adultos que tenham tempo para acompanhá-los. Isso também serve para a participação em competições, que servem como incentivo para o aperfeiçoamento técnico, demandando recursos e o acompanhamento de adultos.

Tratando de outros exemplos de desvios, agora fora dos jogos e do esporte, há um impacto maior quando as questões postas são relacionadas à **violência decorrente de delinquência e crimes**. No Brasil, a mídia costuma cobrir casos de jogadores de futebol que estão envolvidos em crimes como assassinato (caso do ex-goleiro do Flamengo, Bruno), uso de drogas (caso de Jobson, ex-jogador do Botafogo, e de Casagrande, ex-jogador do Corinthians), vínculo com facções criminosas (caso do ex-jogador do Flamengo, Adriano "Imperador") e assédio sexual (caso dos jogadores brasileiros Andrey e Lucas Piazon, da seleção de futebol, e Thye Bezerra, do polo aquático) (Zero Hora, 2015).

Preste atenção!

Após inúmeras medalhas nos Jogos Olímpicos de Pequim (2008) e de Londres (2012), uma foto do nadador estadunidense Michael Phelps consumindo maconha foi mundialmente publicada, o que prejudicou sua imagem de atleta exemplar.

Mesmo o uso de substâncias que são permitidas socialmente, mas não são vistas como saudáveis, tendem a causar polêmica, como cigarro e álcool. No fim de sua carreira, uma foto do então jogador do Corinthians Ronaldo "Fenômeno" fumando gerou uma repercussão negativa, o que se somou à questão de ele estar acima do peso considerado ideal para um jogador de futebol.

Outra questão relevante são os **casos de corrupção**, que envolvem os mais diferentes níveis do esporte. Investigações criminais têm demonstrado que grupos vinculados a apostas pelo mundo pagam jogadores, técnicos e árbitros para que manipulem ações e resultados de partidas, visando maiores lucros com as apostas – prática chamada de *match fixing*. Embora nem sempre se comprove, é comum que equipes acusem adversários de aceitar dinheiro para perder ou ganhar jogos para favorecer uma terceira equipe.

Com relação aos níveis superiores da hierarquia de gestão do esporte, relatórios recentes do Tribunal de Contas da União demonstram uso indevido do dinheiro público pela maioria das confederações esportivas brasileiras. Recursos que deveriam ter sido destinados para atletas e compra de materiais não foram repassados, assim como foram encontrados processos licitatórios que favoreciam empresas ligadas aos presidentes das confederações.

Outras investigações internacionais já indicaram que houve compra de votos para eleição de cidades a sedes de megaeventos esportivos, como a Copa do Mundo da Federação Internacional de Futebol (FIFA) e os Jogos Olímpicos. No Brasil, com a comprovação de pagamento de propina a políticos para favorecimento de empreiteiras em investigações da Polícia Federal, havia indícios de que a construção de estádios para a Copa do Mundo FIFA 2014 e instalações esportivas para os Jogos Olímpicos e Paralímpicos Rio 2016 tiveram negociações indevidas semelhantes. Vale lembrar que Sérgio Cabral, ex-governador do Rio de Janeiro, e Eike Batista, empresário que já esteve na lista dos 10 mais ricos do mundo, foram presos e estavam diretamente envolvidos na candidatura olímpica da cidade do Rio de Janeiro.

Esses exemplos reforçam a ideia que apresentamos nas categorias *socialização* e *inclusão social*, já que não é possível pensar o esporte como algo puro, que pode resolver os problemas de delinquência de jovens pelo simples fato de eles participarem das atividades.

Preste atenção!

Com base em outros estudos, Coakley (2009) indica que a participação esportiva pode ter um efeito positivo nos jovens se enfatizar como estratégia **cinco elementos**:

- **colocar** como filosofia a não violência;
- **propagar** o respeito pelos outros e por si mesmo;
- **demonstrar** que o autocontrole é relevante;
- **abordar** as habilidades físicas;
- **gerar** responsabilidade nos praticantes.

Esses ensinamentos podem, com o tempo, transcender o esporte e afetar as escolhas dos jovens no que se refere aos campos moral, social e financeiro. Entretanto, precisamos sempre levar em consideração que mudanças de comportamento são complexas, especialmente se as pessoas se deparam com barreiras sociais, raciais, de gênero, educacionais e econômicas, que são mais difíceis de serem superadas nas demais esferas da vida.

> **Pense a respeito**
>
> Considerando os cinco elementos de ênfase para o efeito positivo na participação no esporte, pesquise estratégias pedagógicas para colocá-los em prática em uma modalidade esportiva.

6.2 Indústria cultural e mídia

O entendimento que temos hoje do conceito de *mídia* é fundamentado em inúmeras atualizações que aconteceram no decorrer das décadas, já que com o tempo novas formas de comunicação foram criadas – por exemplo, as formas impressas, como jornais e revistas, antecederam as formas eletrônicas, como o rádio, a televisão e, mais recentemente, a internet, acessada por computadores, *tablets* e celulares. Por meio desses diferentes meios, a mídia pode ser informação, opinião ou entretenimento, além de criar diversas formas de interação.

Embora os meios tenham se modificado ao longo do tempo, é possível detectar algumas tendências comuns. Mesmo com as mudanças sobre quem produz e a forma pela qual o conteúdo é produzido, de acordo com Coakley (2009), as pessoas que trabalham com mídia geralmente tem como objetivo(s): gerar lucro; influenciar os valores culturais de seus consumidores; promover um serviço de interesse público; melhorar suas condições pessoais e de reputação; e expressar-se de forma artística, pessoal ou técnica.

Os objetivos relacionados ao lucro e à influência de valores culturais advêm de uma importante escola de pensamento que teve e tem influência nos estudos socioculturais: a **Escola de Frankfurt**.

Influenciados por Karl Marx, os autores que fizeram parte dessa corrente de pensamento, também chamada de *crítica à indústria cultural*, entendiam que existia um complexo processo social que transformava a cultura em uma mercadoria. Nessa lógica, a relevância dos meios de comunicação se originaria não de maneira espontânea, mas como parte desse processo mais complexo que vinha sendo instaurado nas sociedades. Esses meios de comunicação seriam, então, importantes contribuidores para essa transformação. Entretanto, é importante ter cuidado com esse raciocínio: inicialmente, os autores dessa corrente não entendiam que a mídia veiculava uma ideologia, como alguns interpretam hoje; eles colocavam a ideologia como parte do significado que as pessoas davam para as mercadorias culturais. Em outras palavras, a ideologia nos meios de comunicação estaria no fato de eles reproduzirem "subjetivamente os problemas para os quais afirmam ser a solução" (Rüdiger, 1998, p. 22).

Os ensinamentos da Escola de Frankfurt têm especial importância aqui porque foram trabalhados por autores que se dedicaram a estudar o tempo de lazer, ainda que não tenham focado explicitamente no esporte. Até então, poucos autores e grupos tinham se dedicado a compreender esse tema, uma vez que a maioria deles se voltou para áreas tradicionais de estudos, como trabalho, religião, economia e família. Além disso, posteriormente, outros autores refinaram essas discussões dando novas interpretações e significados para o conceito de *indústria cultural* (Ribeiro, 2016). Dadas a crescente produção de conteúdo e a importância que esses meios de comunicação passaram a ter na rotina de uma parte significativa da população, os pesquisadores começaram a investigar quais seriam as formas e mensagens apresentadas ao público, bem como a forma pela qual ele receberia e seria influenciado por essas informações.

Com essa mudança de ênfase, surgiu a tendência de se entender o que está por trás, como intenções ou pressupostos daqueles que produzem esse conteúdo. Profissionais que produzem esses conteúdos (jornalistas, roteiristas, produtores e diretores) são influenciados por patrocinadores, políticos e outras pessoas em posição de poder que podem se beneficiar ou ter problemas com a publicação de determinado material. Ao mesmo tempo, isso não significa que leitores e espectadores sejam forçados a concordar ou aceitar tudo que é transmitido.

Dito de outra forma, o público não precisa ser literalmente passivo diante do processo de recepção da mensagem emitida nos meios de comunicação. Atualmente, com a maioria dos países tendo livre acesso à informação pela internet, é possível encontrar narrativas diferentes, que questionam aquilo que é transmitido pelos principais meios de comunicação. Entretanto, a busca por informações em diferentes fontes parece ainda não ser uma prática comum.

Ao mesmo tempo, a própria possibilidade de gerar narrativas alternativas tem feito com que se propaguem *sites* de notícias falsas, que circulam informações inverídicas para prejudicar ou favorecer determinados grupos de interesse político ou econômico. Assim, estamos em um período em que a informação está mais acessível, mas ela não necessariamente é confiável ou vastamente consultada.

Importante!

Indústria cultural foi a discussão feita pela Escola de Frankfurt sobre a transformação da cultura em mercadoria, que tinha nos meios de comunicação importante contribuinte.

Atualmente, **mídia** é o conjunto de diferentes meios tecnológicos que veiculam conteúdos sob a forma de informação, opinião ou entretenimento.

Na relação **mídia e esporte**, existem diversos fatores que se diferem com relação a outras áreas. Por exemplo, o esporte é um dos programas ao vivo na televisão que ainda se sustentam, já que assistir a uma gravação pode não ter a mesma emoção – por já se saber o resultado. Telejornais, por exemplo, nem sempre conseguem atrair grande audiência porque as pessoas acessam as informações por outros meios, como jornais impressos e internet. Mesmo filmes e telenovelas podem ter suas surpresas, mas não precisam necessariamente ser vistos no momento em que estão sendo transmitidos.

Há também diversos programas de televisão e rádio, seções de jornais, *sites* e revistas que são especializados em esporte (ou, às vezes, em uma modalidade esportiva específica). Isso ocorre porque o esporte é um tema relevante e costuma garantir um público fiel, visto que há uma parcela de pessoas que, de fato, se envolve emocionalmente com o que vê. Além desse público fiel, alguns eventos esportivos costumam gerar significativo interesse e, consequentemente, cobertura para pessoas que não necessariamente são grandes fãs de esporte. Podemos citar como exemplo as Copas do Mundo de futebol e os Jogos Olímpicos, em maior grau, e os casos em que atletas brasileiros se destacam internacionalmente.

No sentido contrário, podemos identificar que o esporte (especificamente os esportes espetáculo e de alto rendimento) é dependente da mídia. Ela é quem faz a publicidade para gerar atenção das pessoas para um jogo ou evento antes, durante e depois, ao preparar, exibir, comentar, interpretar e reportar.

A depender da importância da modalidade e do evento, a cobertura gera um número significativo de notícias. No Brasil, no caso do futebol, uma mesma partida pode ser avaliada por dias em vários programas esportivos de diferentes canais. Além disso, a transmissão dos eventos permite negociações com empresas que queiram expor suas marcas, tanto para as equipes e atletas participantes quanto para a própria empresa que faz a transmissão.

Para eventos de maior interesse, os organizadores vendem o direito para que as emissoras possam transmiti-los; por outro lado, esportes com menos visibilidade e interesse do público, como os paralímpicos, pagam para que jornalistas e canais façam a cobertura dos eventos (Santos et al., 2018). Se uma modalidade se torna mais conhecida, há maior possibilidade de ela atrair pessoas que paguem ingressos, comprem produtos relacionados e consumam as informações e os eventos pela mídia, o que reinicia o ciclo.

Pense a respeito

Pesquise na internet os valores pagos pelos canais de televisão para transmitir diferentes campeonatos.

Sugestões: Copa do Mundo FIFA (futebol), Jogos Olímpicos, Superliga de vôlei, eventos de esporte adaptado e eventos de jogos eletrônicos (e-sport).

Dada essa importância, modalidades esportivas adaptam suas regras e seus horários para se adequarem às necessidades da televisão. Os jogos de futebol nas quartas-feiras, transmitidos por uma rede de televisão no Brasil, tendem a ser ajustados para o horário de 21h 45min, o que pode não ser ideal para os torcedores que trabalham no dia seguinte pela manhã. Na Copa do Mundo FIFA 2014, realizada no Brasil, alguns jogos começavam às 13h para atender a audiência europeia, embora fosse um horário de muito calor em algumas cidades-sede. O voleibol mudou algumas regras para que os jogos não se prolongassem tanto, permitindo que a televisão encaixasse a transmissão em um horário predefinido. Essa modalidade também incluiu tempos técnicos, os quais permitem que comerciais sejam transmitidos. Há ainda um cuidado especial entre as instituições esportivas para que organizem calendários que não sejam concorrentes entre si, possibilitando a participação dos melhores atletas, a transmissão e a negociação de patrocínios.

A realidade descrita deve ser vista pela lógica do esporte de alto rendimento ou, em poucas modalidades, do esporte espetáculo. As outras manifestações esportivas funcionam de forma independente da mídia, embora haja um entendimento de que sua qualidade poderia ser melhor se houvesse a cobertura para gerar recursos financeiros.

Por vezes, esse raciocínio ignora que a mídia também tem seus interesses, que podem não ser convergentes com o desejo dos praticantes de esportes. Nesse sentido, a falta de recursos para outras manifestações pode gerar duas consequências: (1) a dependência de recursos públicos e (2) a necessidade de investimento particular dos praticantes, o que acaba excluindo aqueles que não têm condições financeiras para isso. Isso talvez resuma a situação da maioria das modalidades esportivas que competem para ganhar mais espaço e popularidade no Brasil.

Pense a respeito

Quantas modalidades esportivas diferentes você assistiu na televisão no último mês? Sobre quantas se informou por meio da internet? Presencialmente, quais modalidades esportivas você prestigiou como praticante ou como espectador?

Com base nessas questões, faça uma reflexão final: Você considera que sua cultura esportiva é influenciada pela mídia?

6.3 Economia e meio ambiente

Pensar o esporte na perspectiva econômica é ver esse fenômeno como um bem que pode ser produzido, distribuído e consumido. Nessa lógica, podemos pensar nos diferentes níveis de prática, os quais demonstramos nos capítulos anteriores ao abordar o esporte como um fenômeno polissêmico – indicando também que há diferentes formas de produção, distribuição e consumo.

Por exemplo, **o esporte como prática de lazer** tende a ser "produzido" pelas mesmas pessoas que o "consomem", ou seja, não há diferença significativa entre o que é praticar (produzir) e consumir, pois as mesmas pessoas fazem as duas coisas. No **esporte espetáculo**, por sua vez, a produção acontece por parte dos atletas especialistas, que são filmados por equipes especializadas para distribuição em determinado território ou (preferencialmente) em todo o mundo, a fim de se atingir pessoas dispostas a consumir a partida ou evento pela televisão ou pela internet. Sob esse aspecto, a **teoria da globalização** explica bem a tendência do esporte em ser um produto consumido mundialmente (Bourdieu, 1983b; Bourdieu, 1990b; Bourdieu, 1996).

Pensando nesses mesmos exemplos, podemos considerar como o esporte é capaz de gerar **atividade econômica** e, ao mesmo tempo, ser influenciado por ela. Quando as pessoas praticam esporte em seu lazer, elas tendem a ocupar determinado espaço (público ou privado), utilizar materiais e equipamentos referentes àquela prática (comprar ou alugar) e gastar uma série de outros bens e serviços relacionados (água, luz, manutenção, alimentação, transporte etc.).

No esporte espetáculo, tanto a produção quanto a distribuição e o consumo geram uma **movimentação financeira** relacionada com o pagamento de profissionais de diferentes áreas de atuação e a aquisição de equipamentos e produtos para viabilizar e transmitir o espetáculo. Essas são as possibilidades do esporte de gerar atividade econômica. Por exemplo, a América do Norte tinha um mercado estimado em US$ 60,5 bilhões em 2014, e a expectativa é de que ele alcançará US$ 78,5 bilhões em 2021, conforme demonstra o Gráfico 6.1.

Gráfico 6.1 O mercado esportivo estadunidense, por segmento, de acordo com a previsão de 2017 (em bilhões de dólares)

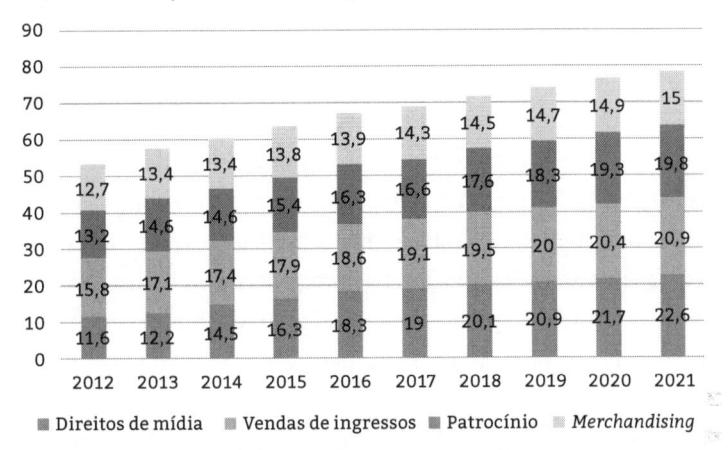

Ano	Direitos de mídia	Vendas de ingressos	Patrocínio	Merchandising
2012	11,6	15,8	13,2	12,7
2013	12,2	17,1	14,6	13,4
2014	14,5	17,4	14,6	13,4
2015	16,3	17,9	15,4	13,8
2016	18,3	18,6	16,3	13,9
2017	19	19,1	16,6	14,3
2018	20,1	19,5	17,6	14,5
2019	20,9	20	18,3	14,7
2020	21,7	20,4	19,3	14,9
2021	22,6	20,9	19,8	15

Fonte: Elaborado com base em PWC Sports Outlook, 2017, p. 3.

Ao mesmo tempo, há também a possibilidade de o esporte ser afetado pela atividade econômica do país. Por exemplo, se um país tem uma economia que está crescendo, é provável que as pessoas consumam mais em diversas áreas, inclusive no esporte. Por outro lado, no contexto de uma recessão econômica, em que há um número grande de pessoas desempregadas e de trabalhadores que precisam fazer horas extras ou trabalhar em mais de um lugar, há uma redução no consumo e no tempo de lazer. Assim, a situação econômica das pessoas de um país (e isso pode ser reduzido a uma cidade ou classe social) tende a influenciar o mercado esportivo e a forma como o esporte faz parte da vida dessas pessoas.

Esse tipo de análise tem um viés próximo à **teoria marxista**, que demonstra, principalmente, como há um desfavorecimento das classes economicamente mais baixas e como o consumo privilegia as classes dominantes.

Outro aspecto significativo da relação economia e esporte é a **relevância cultural** que o esporte tem para uma sociedade, o que influencia diretamente em como essa sociedade vai produzir, distribuir e/ou consumir uma ou mais modalidades.

Nos Estados Unidos, as pessoas tendem a gostar de mais de um esporte. Ainda que o futebol americano lidere a lista de preferências, também há o consumo de basquetebol, beisebol e hóquei no gelo, por exemplo. Além disso, há uma aproximação das pessoas não só do futebol americano profissional, mas também do universitário, o que gera demanda e interesse, por parte das universidades, para montar equipes nessa modalidade.

Preste atenção!

Por conta de uma legislação nacional, o *Title IX*, as universidades devem promover condições iguais para homens e mulheres na educação, inclusive no esporte. Assim, mesmo que não haja o mesmo interesse direcionado ao futebol americano (majoritariamente masculino), há atletas universitários (homens e mulheres) que praticam outras modalidades esportivas, o que, por sua vez, gera participação e envolvimento de familiares e das comunidades (Cooky; LaVoi, 2012).

No Brasil, sabemos que não se aplica a mesma lógica. Embora em alguns locais os campeonatos de várzea ou modalidades esportivas menos conhecidas sejam valorizados, vemos que o foco direciona-se majoritariamente ao futebol profissional masculino. Por sua vez, em outros países, como na Finlândia, as pessoas não têm tanto interesse em assistir aos esportes, mas sim em praticá-los – tanto que a Finlândia tem a maior proporção de pessoas fisicamente ativas da União Europeia.

Esses distintos exemplos mostram como o esporte, na qualidade de atividade econômica, também precisa ser entendido do ponto de vista sociocultural, em perspectiva trabalhada pela **teoria reflexiva dos campos**.

Pense a respeito

Considere as particularidades socioculturais da cidade ou estado em que você vive. Como essa particularidade afeta a prática esportiva? Há alguma modalidade diferente que tem destaque?

Além de pensar na economia e nos processos de produção, distribuição e consumo relacionados ao esporte, é preciso também considerar os **impactos ambientais** que esses processos provocam.

Nos Jogos Olímpicos sediados no Rio de Janeiro, em 2016, os organizadores tiveram como intenção passar a mensagem de cuidado com o meio ambiente, especialmente nas cerimônias de abertura e encerramento. Durante a campanha para sediar o evento, houve a promessa de neutralizar a emissão de carbono mediante plantio de milhares de árvores no Rio de Janeiro. Apesar dessas boas intenções, o impacto ambiental negativo que um megaevento como os Jogos Olímpicos causa é significativo.

Uma grande preocupação tem sido o uso que as instalações esportivas (chamadas de *legados*) terão a longo prazo. Essa preocupação ocorre em relação à sustentabilidade do evento. A construção de um estádio demanda recursos materiais e humanos, razão pela qual se espera que seu uso vá além de apenas um evento esportivo. Não só a construção, mas também a manutenção da estrutura demanda recursos financeiros, motivo pelo qual é preciso que haja um planejamento para a utilização da estrutura a longo prazo.

É nesse sentido que se fala de "elefante branco", ou seja, de a cidade ser "presenteada" com uma estrutura grandiosa que, no entanto, traz mais problemas que vantagens. A situação também causa preocupação ao serem utilizados recursos públicos para financiar essas estruturas, que deveriam ter como finalidade o benefício coletivo da população.

A leitura sobre a sustentabilidade e impacto ambiental pode ser expandida se considerarmos a quantidade de lixo produzido, a poluição do ar e sonora e o aumento do consumo de água que milhares de atletas, membros de comissões técnicas, mídia e turistas provocam na cidade que sedia o evento.

No caso do Rio, assumiu-se o compromisso de despoluição da Baía de Guanabara (que não se cumpriu), além de outras polêmicas durante o processo de preparação do evento, como a instalação de golfe em um local de proteção ambiental e propostas malsucedidas de construção de estruturas que prejudicariam o meio ambiente na Marina da Glória, na Lagoa Rodrigo de Freitas e na zona portuária.

Preste atenção!

Uma questão ambiental que se tornou um problema de saúde pública foi a epidemia de doenças relacionadas ao mosquito *Aedes aegypti* no verão de 2016, como dengue, zika e chicungunya. Esse impasse levantou questionamentos públicos sobre se os Jogos Olímpicos deveriam acontecer, de fato, no Rio de Janeiro.

Pense a respeito

Pesquise dados sobre o impacto ambiental de um grande evento esportivo. Quais foram as estratégias dos organizadores para diminuir ou neutralizar esses impactos? O que mais poderia ter sido feito?

Sobre essa situação, você pode usar como exemplo os Jogos Olímpicos Rio 2016. É possível que você se lembre de que os atletas, na ocasião, após terem entrado no estádio, levaram consigo sementes para depositar em recipientes durante a cerimônia de abertura. As árvores plantadas fariam parte da chamada *Floresta dos atletas*. No entanto, problemas de recursos posteriores impediram a realização completa da ação.

Apesar do discurso sobre sustentabilidade e preservação do meio ambiente, os Jogos do Rio deixaram de cumprir uma série de metas na área ambiental.

Essas implicações mostram a mútua relação que o esporte tem ou poderia ter com o meio ambiente. Embora, por exemplo, a despoluição da Baía de Guanabara fosse uma necessidade pública e ambiental, foram os Jogos Olímpicos que pressionaram as autoridades públicas a tomarem providências nesse quesito. Ao mesmo tempo, a urgência e as demandas do evento permitiram que houvesse uma alteração em uma área de preservação da cidade do Rio de Janeiro para que fosse construído um campo de golfe.

Essa relação mútua ocorre não somente em megaeventos esportivos, mas também no uso e na exploração local de espaços ao ar livre para a prática esportiva. Se, por um lado, isso serve como forma de promover a preservação, por outro, pode causar danos irreversíveis à fauna e à flora locais.

Imagine o caso de pessoas que começam a fazer trilhas em montanhas, em que os próprios passos podem prejudicar plantas e animais. Isso sem contar casos de pessoas que deixam lixo, alimentam animais silvestres com produtos não naturais e até provocam incêndios ao acender fogueiras.

Esses exemplos podem parecer extremos, mas são situações com as quais os profissionais de educação física podem se deparar quando propõem práticas ou usos de espaços diferenciados.

Nesse sentido, é fundamental ter o máximo de informações sobre legislação e normas ambientais locais e nacionais, visando ao planejamento e à adequação de materiais, equipamentos e práticas condizentes. Como discutido na categoria *ecologização*, há um interesse pela conexão com a natureza por parte de pessoas que vivem em grandes cidades, razão pela qual os profissionais da área precisam garantir que essa conexão aconteça de fato, e não seu oposto.

Importante!

Na economia e no meio ambiente, o esporte gera e sofre impacto. Embora grandes eventos e esportes de rendimento tenham impactos mais visíveis, aspectos socioculturais influenciam diretamente na relação entre essas três áreas.

6.4 Virtualização e tecnologias

Como discutido na parte relacionada à mídia, o avanço tecnológico tem um papel relevante para que o esporte atualmente seja transmitido e consumido em todo o mundo. Ao fazermos uma revisão histórica, percebemos que nos Jogos Olímpicos, por exemplo, inicialmente as notícias eram repassadas apenas por jornais e rádio.

Na edição de 1936, algumas imagens em movimento foram captadas, o que resultou em um filme-documentário chamado *Olympia*, lançado em 1938. Na edição seguinte, realizada em Londres, em 1948[1], houve a primeira transmissão televisiva ao vivo, mas somente no evento da Cidade do México, em 1968, é que

---

[1] Em 1940 e 1944, os Jogos Olímpicos não aconteceram em virtude da Segunda Guerra Mundial.

a transmissão foi feita a cores e com mais detalhes – como o *replay*, a câmera lenta e a diversidade de ângulos na filmagem (Whannel, 2009). Em 2012 novamente em Londres, houve a primeira a transmissão de evento ao vivo pela internet.

A cada ano a indústria promove melhorias na qualidade das imagens e no potencial de captar sutilezas, desde a mobilização muscular para um movimento até a gota de suor do atleta. A tecnologia também permite que comentaristas e narradores mostrem a ação em câmera lenta, marcando posicionamentos táticos e usando técnicas para chamar a atenção e facilitar a compreensão dos espectadores.

Importante!

Inovações tecnológicas na transmissão dos Jogos Olímpicos:
- 1936: Imagens em movimento.
- 1948: Transmissão televisiva ao vivo.
- 1968: Transmissão a cores, *replay*, câmera lenta e variedade nos ângulos de filmagem.
- 2012: Transmissão oficial ao vivo pela internet.

Outra possibilidade que surgiu nos últimos anos é o uso da internet para que as pessoas participem ao vivo das transmissões. Inicialmente, a estratégia era que o público entrasse no *site* da rede transmissora para votar em palpites para o jogo e no melhor jogador, assim como para enviar perguntas aos comentaristas. Atualmente, com as redes sociais, essas interações são ainda maiores e mais diversificadas – a participação dos espectadores pode acontecer em forma de texto, de imagens e de vídeos. Diante dessas possibilidades, os próprios clubes, atletas, promotores e patrocinadores dos eventos e campeonatos passaram a utilizar as redes sociais para se aproximar de torcedores, fãs e consumidores como forma de divulgação e autopromoção.

Nesse sentido, as redes sociais funcionam com estratégias semelhantes às da televisão, como fazer propagandas da data e horário de partidas (o que é chamado de *agendamento*) e trazer entrevistas com atletas, vídeos e imagens de bastidores, apontando para possíveis atletas que participarão dos jogos etc. Quando as pessoas acompanham os atletas e as instituições pelas redes sociais, elas, no mínimo, passam a ter a sensação de estar mais bem informadas, razão pela qual "consomem" ainda mais o esporte.

Pense a respeito

Pesquise clubes e atletas com grande números de seguidores em uma rede social. Que tipo de mensagens são veiculadas? Quais são as estratégias para engajar os fãs e como eles interagem?

Atualmente, discute-se como transformar o número de seguidores em recurso financeiro, já que essa relação não é direta. Em 2016, o clube de futebol Barcelona (Espanha) tinha 145 milhões de seguidores em suas redes sociais, o que gerou 1,45 bilhões de interações (curtidas, comentários, compartilhamentos, retuítes etc.) e um valor de mídia estimado em US$ 25,3 milhões. Nesse mesmo *ranking* apareceram outros clubes famosos de futebol, como o espanhol Real Madrid e os ingleses Manchester United, Arsenal e Chelsea, além de equipes de basquetebol e futebol americano (Badenhausen, 2016).

Embora os valores gerados diretamente pelo engajamento em redes sociais sejam pequenos perto de todos os recursos que circulam nessas equipes, sua presença nesse universo midiático tem sido praticamente um pré-requisito para as equipes esportivas serem visíveis para seus fãs e patrocinadores (atuais e potenciais).

Se antes os torcedores de futebol levavam para o estádio o seu rádio para ouvir a narração e os comentários sobre o jogo, atualmente é comum ver pessoas tirando fotos, fazendo vídeos e compartilhando suas experiências nas redes sociais com o uso de seus *smartphones*. Sabendo disso, as instalações esportivas têm se preparado para criar redes de internet sem fio acessíveis aos espectadores e à mídia, justamente para incentivar e promover essas novas formas de "presença" nos eventos. Para alavancar vendas, equipes e patrocinadores podem utilizar esse meio para cadastrar *e-mails* e potencialmente utilizar outras estratégias de *marketing* com esses espectadores.

Nesse sentido, percebemos que os avanços tecnológicos e os usos relacionados ao esporte vêm gerando novas formas de interação e potenciais meios para fidelização de torcedores, o que, com o uso concomitante de novas ferramentas, pode ser transformado em novas fontes de renda para as equipes.

Além da tecnologia relacionada à transmissão e à interação, outra forma de tecnologia relevante esportiva encontra-se nos equipamentos e nos locais de prática esportiva. Isso talvez se aplique a todos os esportes, visto que melhorias são realizadas em tecidos e materiais que compõem roupas e sapatos (tênis, sapatilhas, chuteiras, patins etc.), assim como em outros acessórios (óculos, touca, capacete, luvas, meias, caneleiras etc.) e equipamentos específicos (bolas, tacos, raquetes, bicicletas, implementos e aparelhos de ginástica, esquis, barcos, canoas, remos etc.).

Esses avanços também são implementados nos métodos de contagem de tempo (cronometragem de frações de segundo), nas piscinas, nos pisos e nos equipamentos das instalações esportivas. A melhoria dos materiais utilizados geralmente visa à diminuição de impacto ou de resistência, de forma a permitir o alcance de recordes e a proporcionar conforto aos atletas, inclusive evitando possíveis lesões.

Se, por um lado, essas melhorias provocam benefícios, por outro, geram um aumento nos custos para a construção e a manutenção das instalações esportivas, assim como aos atletas e às equipes que queiram participar de eventos no mesmo nível que seus competidores.

No caso de países com menor produção de tecnologia esportiva, como é o caso do Brasil, a necessidade de importação desses equipamentos tende a restringir ainda mais o acesso a algumas modalidades. Mesmo que eles possam ser adaptados na prática de lazer, no esporte de alto rendimento isso já se torna um impeditivo para alcance de resultados significativos, especialmente em nível internacional.

Outro uso da tecnologia que pode afetar diretamente o rendimento dos atletas faz parte do treinamento. A fim de se obter respostas fisiológicas ou biomecânicas, diversos equipamentos têm sido criados para colocar os atletas em situações atípicas em ambientes naturais, como túneis de vento para velocistas e ciclistas de velocidade, piscinas com correnteza, câmaras com redução de oxigênio para aumento dos glóbulos vermelhos (que imitam as respostas tidas na altitude), equipamentos e salas especiais para testar tempos de resposta e pensamento tático, simuladores dos mais diferentes tipos (especialmente utilizados na Fórmula 1), entre outras possibilidades que talvez ainda não tenham se tornado públicas.

Os equipamentos menores, chamados *wearables*[2], têm crescido no mercado, sendo utilizados no esporte, principalmente, como sensores de movimento para auxiliar no aperfeiçoamento de gestos esportivos. Essas possibilidades se multiplicam quando consideramos o avanço na chamada *realidade virtual* (RV), que permite simular diversas situações e, assim, captar as respostas psicológicas e fisiológicas do atleta. Além disso, há a nanotecnologia, que tem reduzido significativamente o tamanho de *chips* eletrônicos, os quais podem ser aplicados no esporte para coletar

---

[2] Equipamentos "vestíveis" capazes de detectar variações e de transformá-las em dados sobre as técnicas esportivas e a *performance* do utilizador.

informações ainda mais detalhadas sobre o que acontece no corpo humano durante a prática esportiva.

Embora esses avanços pareçam muito distantes do praticante de esporte por lazer, hoje existem equipamentos mais acessíveis que também foram desenhados para esses atletas. Além das melhorias em tecidos e equipamentos, que também estão nos produtos de consumo do grande público, podemos considerar os sensores de batimentos cardíacos, os relógios com *global positioning system* (GPS) e outros contadores úteis em corrida, ciclismo e natação. Além disso, há celulares que já apresentam essas tecnologias ou permitem o uso de aplicativos esportivos para controle pessoal.

Essas tecnologias tendem a não ficar restritas aos praticantes de esporte, sendo utilizadas também por pessoas que querem controlar aspectos mais gerais da saúde, como qualidade do sono, pressão arterial e movimentação diária.

Pense a respeito

Considerando a tecnologia desenvolvida para criar "treinadores virtuais", é possível pensar em aspectos que garantam que seres humanos sejam insubstituíveis nessa relação? Que habilidades exclusivas treinadores e *personal trainers* podem ter em comparação com essas tecnologias?

Outra tecnologia relevante relacionada à área da educação física são os esportes eletrônicos, chamados de *e-sports*. Inicialmente surgidos no formato de *videogames* e *minigames*, hoje os jogos eletrônicos estão disponíveis em celulares, computadores e consoles (equipamentos específicos geralmente conectados à televisão). Também frutos do avanço tecnológico, os jogos atuais têm mais qualidade de imagens e, em muitos casos, maior grau de complexidade, atraindo públicos de diferentes idades e interesses.

Outro avanço significativo foi a possibilidade de se jogar em rede, especialmente pela internet, que promove novas formas de socialização, corporeidade, diversidade e inclusão social, por exemplo.

Até hoje, jogos que reproduzem esportes tradicionais (futebol, basquetebol, beisebol etc.) têm sucesso, embora recentemente os jogos que não têm paralelo com eventos "reais" estejam alcançando um público mundial cada vez mais significativo.

Ainda que exista um tom lúdico por parte dos praticantes – conforme as expectativas de Huizinga (1999) para o jogo –, também é emergente a competição em alguns jogos, o que os torna mais bem-sucedidos que alguns esportes tradicionais. Por exemplo, os campeonatos mundiais do jogo League of Legends de 2016 foram transmitidos por 23 empresas em 18 idiomas. Neles, foram distribuídos US$ 6,7 milhões em premiação às equipes e chegou-se a 43 milhões de espectadores, além de um pico de audiência de 14 milhões de pessoas (League Of Legends, 2016).

Esse crescimento tem gerado um processo de profissionalização dos eventos, da gestão e dos jogadores semelhante ao que se vê em outras modalidades esportivas. Há ainda a expectativa de maiores investimentos nos próximos anos, tanto pela criação e popularização de novas tecnologias quanto pelo aumento do consumo em países em desenvolvimento.

Importante!

A tecnologia no esporte pode ser identificada na transmissão de eventos, na interação de espectadores, no treinamento dos atletas, nos equipamentos utilizados por praticantes amadores e como meio de prática nos *e-sports*.

6.5 Políticas e megaeventos

Quando pensamos em política, podemos citar diferentes esferas, como a política como um processo de organização social de poder, que está nos mais diferentes tipos de relação social (família, igreja, empresas, escolas e outras entidades); e a política como implementação de programas, normas e regras, que no campo público são as ações governamentais que visam regular serviços e o funcionamento social para beneficiar as pessoas que vivem em determinado território (Coakley, 2009).

Nesta seção, analisaremos as políticas e as relações que são estabelecidas e implementadas em conjunto pelas organizações esportivas internacionais e os governos, o que se torna necessário para que os megaeventos esportivos aconteçam.

Preste atenção!

Estado (com E maiúsculo): organização política permanente, em nível nacional, que geralmente caracteriza um território.
Governo: grupo político que provisoriamente compõe o Poder Executivo. Embora implemente sua política no período do mandato, o governo deve se submeter às regulações historicamente construídas (Constituição Federal e demais legislações).

Os governos têm diversos interesses no esporte: a saúde, a segurança (o que discutimos em *inclusão social*), a diversidade, a economia e a identidade. Esses diferentes potenciais atraem o interesse dos governos de preservar e promover o esporte, embora ele tenha um caráter predominantemente privado, isto é, seja organizado e praticado por coletivos de pessoas sem que haja a interferência pública em seu funcionamento (o que no Brasil é uma garantia dada pela Constituição Federal de 1988).

Entretanto, nem mesmo os clubes de futebol mais conhecidos no país e as instituições esportivas mais importantes conseguem ser totalmente independentes do Estado. A maioria dos grandes clubes brasileiros de futebol tem dívidas milionárias porque deixaram de cumprir o pagamento de impostos por anos, a ponto de o governo criar uma loteria esportiva, a Timemania, para auxiliar na arrecadação de recursos e sanar as dívidas. Mesmo os clubes esportivos privados, quando sediam equipes de esportes olímpicos, recebem recursos por meio de legislações – como a **Lei de Incentivo ao Esporte**[3] – e repasses da Confederação Brasileira de Clubes (CBC).

Das confederações de esportes olímpicos, somente a Confederação Brasileira de Futebol (CBF) não recebe recursos por intermédio da **Lei Agnelo-Piva**[4]. Além disso, muitas das confederações são ou já foram patrocinadas por empresas estatais ou com parte de seu capital público.

Com base em tudo isso, queremos dizer que o esporte no Brasil tem uma significativa dependência do Poder Público com relação a seu financiamento, ainda que seu funcionamento administrativo seja privado. Mais ainda, o governo federal (e isso se repete em governos estaduais e municipais) tem programas de suporte de atletas, de prática esportiva na escola e, em contraturno escolar, financia a construção de infraestruturas esportivas e cria legislações que ajudam a regulamentar dos estádios de futebol.

Em níveis locais, há prefeituras que têm realizado e dado apoio a diferentes eventos esportivos e recreativos. Todas essas ações acontecem porque há um entendimento de que o esporte é

---

[3] Lei n. 11.438, de 29 de dezembro de 2006: permite o investimento de parte do imposto devido a projetos esportivos previamente aprovados (Brasil, 2006).

[4] Lei n. 10.264, de 16 de julho de 2001: com posteriores atualizações, repassa percentuais das loterias a algumas instituições esportivas (Brasil, 2001).

importante na vida das pessoas e, consequentemente, traz consequências positivas.

Como o esporte em si não é visto como prioritário entre as necessidades das pessoas (se comparado à saúde, à educação e à segurança), há uma tendência a se ressaltar seus possíveis benefícios ou consequências justamente em outras áreas: "O esporte faz bem à saúde", "O esporte é um meio de educação", "Crianças e jovens envolvidos com esporte não se relacionam com drogas ou crime" etc.

Mesmo sabendo que essa relação não é direta, como demonstramos no decorrer deste livro, esse discurso ainda é efetivo e traz vantagens políticas para aquelas pessoas que promovem as atividades. Essas vantagens podem ser de reconhecimento e percepção de que o político que atua em prol do esporte beneficia a comunidade local.

Preste atenção!

Na perspectiva política, o esporte no Brasil tem sido administrado por instituições que, embora sejam privadas, geralmente têm algum tipo de dependência pública, principalmente financeira. Nas pretensões políticas, o esporte é utilizado como ferramenta para diversas causas, inclusive na perspectiva de desenvolvimento de candidaturas para sediar megaeventos esportivos.

Por sua vez, os **megaeventos esportivos** têm outras características. Trata-se de eventos de grande magnitude que atraem interesse internacional e envolvem recursos financeiros, como investimentos para que o evento ocorra, aquisição de direitos para transmissão, patrocínio, licenciamento e venda de ingressos.

No esporte, sem dúvida podemos considerar como megaeventos os Jogos Olímpicos e as Copas do Mundo da FIFA. Outros eventos, como os Jogos Paralímpicos, os Jogos Pan-Americanos e a Copa das

Confederações, estão em um nível abaixo dos megaeventos, ainda que também tenham relevância, especialmente para os países e as cidades escolhidos como sede (Roche, 2000).

Pense a respeito

Consulte os valores estimados e mais recentes de custos dos estádios da Copa do Mundo FIFA e dos Jogos Olímpicos. De quanto foi a variação no decorrer dos anos?

No Brasil, a Copa do Mundo FIFA e os Jogos Olímpicos demandaram grandes investimentos financeiros ao ponto de não ser possível saber ao certo quanto foi investido pelo Poder Público, dada a complexidade dos projetos.

Para a Copa do Mundo FIFA, por exemplo, o investimento nos estádios foi majoritariamente feito pelos estados com empréstimos a baixos juros do Banco Nacional de Desenvolvimento (BNDES). Se os estados não pagarem suas dívidas com o banco dentro do prazo, é possível que haja um crescimento no valor total investido, tendo em vista os juros que vigoram. Mais ainda, os custos dos estádios não são somente de construção, mas também de manutenção no decorrer dos anos, o que pode ser também financiado pela iniciativa pública. Para os Jogos Olímpicos, o processo é semelhante, visto que não havia definição sobre a finalidade e a responsabilidade de diversas instalações utilizadas no evento no Rio de Janeiro.

Apesar dessas constatações após os eventos, no período anterior a eles o discurso era positivo, tendo em vista a expectativa de que houvesse geração de empregos, investimentos em infraestrutura, desenvolvimento urbano, atração de turistas e movimentação na economia. De fato, algumas áreas foram beneficiadas, especialmente na construção civil e na rede hoteleira (no período dos eventos). Além disso, houve o aumento da capacidade dos aeroportos, a regeneração urbana em algumas áreas e a geração de empregos em alguns setores econômicos, mas não em todos. Entretanto, as cidades que sediam megaeventos esportivos tendem a vivenciar diminuição na recepção de outros tipos de eventos no período próximo aos jogos, em razão do preço inflacionado e para evitar a movimentação crescente de pessoas. Especialmente depois dos megaeventos, muitas pessoas são demitidas por não haver mais a demanda que havia anteriormente, além de outros reveses – na área de hotelaria, por exemplo, o número de quartos ociosos pode ser problemático.

Na maioria dos megaeventos tem sido registrado um alto número de famílias que precisam ser realocadas, tanto por causa das obras quanto em razão de o local de moradia não ser visto como positivo para a imagem da cidade. O impacto na economia tende a ser relevante para a cidade-sede, mas não tão significativo em números nacionais. No caso da Copa do Mundo FIFA, o alto número de feriados municipais estabelecidos nos dias das partidas nas cidades-sede provocou diminuição na economia, se comparado com o mesmo período do ano anterior (Almeida, 2016).

Com todas essas informações, a pergunta que fica é: Então vale a pena para um país sediar megaeventos esportivos?

Embora existam pessoas que se posicionem a favor ou contra a realização de megaeventos esportivos, ainda é difícil ter uma resposta definitiva sobre o assunto.

Por isso, propomos outra pergunta: Vale a pena para quem a realização desses eventos?

Para algumas áreas e pessoas, os megaeventos esportivos são positivos, como construtoras, consultorias internacionais e, é claro, as entidades esportivas, que, no caso da FIFA e do Comitê Olímpico Internacional (COI), chegam a arrecadar bilhões de dólares graças a esses eventos. Para os governos, há uma mistura de repostas: em alguns momentos eles são favoráveis, como quando a cidade/país se elege; em outros, há críticas e dificuldades que podem desgastar a imagem de alguns políticos.

Para um governo municipal, os eventos tendem a ser benéficos pela recepção de recursos dos governos estadual e federal, em virtude dos quais se pode colocar em prática planos em um curto espaço de tempo. Ao mesmo tempo, a depender do tamanho da cidade e de seu potencial econômico, os eventos podem ser um fardo, gerando dívidas e afetando os demais serviços importantes.

Para a população local, há benefícios para alguns grupos, como os que utilizam as vias construídas ou reformadas e os serviços de transporte público criados, além daqueles que têm suas propriedades valorizadas. Outros grupos, no entanto, são prejudicados, especialmente aqueles que precisam sair de suas moradias e normalmente são deslocados para áreas sem a mesma infraestrutura e sem as relações afetivas da comunidade anterior. Algumas pessoas, que tradicionalmente são excluídas socialmente, são ainda mais penalizadas, visto que têm restringidos seus direitos de locomoção na cidade, de trabalho e de moradia.

Figura 6.1 Parque Olímpico na Barra (antes e depois) – Rio de Janeiro

Daniel Marenco/Folhapress

André Motta/brasil2016.gov.br

Fonte: Gomide; Clemente; Cardoso, 2014.

Nesse contexto surge mais uma dúvida: Por que, então, as cidades continuam querendo sediar os megaeventos esportivos?

Uma possível resposta a esse questionamento é entender a influência das pessoas que veem nessas ocasiões a oportunidade de se beneficiar de alguma forma, tal como os grupos já mencionados. Outro elemento que colabora com isso é o fato de que os discursos de políticos e da mídia tendem a enfatizar os aspectos positivos, acreditando que os pontos ruins nas sedes anteriores foram culpa das cidades e dos países, e não do evento em si. Há ainda a percepção de que sediar megaeventos esportivos coloca a cidade e o país em evidência para o mundo.

No caso do Brasil, acreditava-se que os eventos poderiam evidenciar o desenvolvimento econômico alcançado até então e mostrar que o país deveria estar entre as nações consideradas importantes no cenário mundial. Para o Rio de Janeiro, seria uma oportunidade de reforçar não só as já conhecidas belezas naturais, mas também mudar parte da imagem de violência e insegurança que aparece com frequência nos noticiários. Podemos questionar se essas imagens foram, de fato, modificadas ou simplesmente reforçadas – ou, ainda, se seria possível modificar décadas de história com apenas um evento. No entanto, possivelmente essa resposta só teremos daqui a alguns anos.

A escolha da cidade que sediará um megaevento esportivo ultimamente é feita com antecedência de 7 anos. Isso coloca um desafio para as instituições esportivas e também para os países, que não podem prever o comportamento da economia e da sociedade no futuro.

Da mesma forma, esse tempo é necessário (e, às vezes, até mesmo curto) para que toda a infraestrutura seja criada. Como esse comprometimento precisa ser planejado, alguns países têm perguntado a seus habitantes, mediante referendos, se devem ou não se candidatar como sede de megaeventos. Talvez as dificuldades encontradas pelo Brasil, junto com as constantes incertezas econômicas (mesmo nos países desenvolvidos), tenham feito com que as pessoas na Noruega, na Polônia, na Suíça e na Alemanha optassem por não sediá-los.

Em locais em que esse questionamento nem sequer é realizado, grupos de oposição têm se organizado para protestar contra as intenções de candidatura de suas cidades a sede de megaeventos esportivos, como foi o caso de Chicago, nos Estados Unidos.

Todo esse contexto tem feito com que as instituições esportivas revejam os processos de eleição das cidades-sede e revisem também formas para tornar os eventos menos caros. Sem dúvida essas questões serão decisivas para a continuidade ou não da realização dos megaeventos esportivos no formato que eles têm hoje (Almeida; Marchi Júnior, 2014).

Pense a respeito

Se a candidatura do Brasil para os Jogos Olímpicos acontecesse hoje, que argumentos você levantaria a favor e contra sua realização?

Síntese

Campos de análise	Possibilidades de teorias	Possibilidades de categorias
Desvios e inclusão social	Processo civilizador	Violência
		Socialização
		Inclusão social
	Teoria marxista	Dominação ideológica
		Resistência
Indústria cultural e mídia	Teoria marxista	Dominação ideológica
		Resistência
	Globalização e pós-modernidade	Globalização
Economia e meio ambiente	Teoria Marxista	Dominação ideológica
		Resistência
	Globalização e pós-modernidade	Ecologização
	Teoria reflexiva dos campos	Distinção social
		Violência

(continua)

(conclusão)

Campos de análise	Possibilidades de teorias	Possibilidades de categorias
Virtualização e tecnologias	Globalização e pós-modernidade	Globalização
		Ecologização
		Identidade
	Teoria reflexiva dos campos	Distinção social
		Violência
	Teoria do jogo	Socialização
		Corporeidade
		Diversidade
		Inclusão social
Políticas e megaeventos	Teoria marxista	Dominação ideológica
		Resistência
	Globalização e pós-modernidade	Identidade
		Globalização
	Teoria do jogo	Secularização
		Racionalização
		Corporeidade
		Diversidade

▌ Indicações culturais

Documentário

LANCE Armstrong, o campeão do doping. Austrália: ABC, 2012. 36 min.

Esse documentário de jornalismo investigativo mostra a história de Lance Armstrong, ciclista dos Estados Unidos que foi o maior ganhador do principal evento esportivo da categoria (a Volta da França), mas que foi pego no exame *antidoping* e perdeu todos os seus títulos, tendo sido excluído do esporte.

Entrevista

ARMSTRONG, L. Entrevista concedida a Oprah Winfrey. EUA: Discovery Channel, 2013. 64 min.

Na primeira entrevista após a perda de seus títulos e a exclusão do esporte, Lance Armstrong revela à principal apresentadora dos Estados Unidos, Oprah Winfrey, questões relacionadas aos casos de *doping*.

Atividades de autoavaliação

1. Tendo em vista os desvios no esporte, analise as assertivas a seguir.

    I. Os desvios no esporte podem acontecer durante as partidas e os campeonatos, mas também fora deles, quando envolvem pessoas relacionadas à prática esportiva.
    II. Ideias, atitudes e comportamentos podem ser desviantes em um ambiente, mas não em outros.
    III. A existência de desvios no esporte reforça que ele não pode ser visto como algo puramente positivo.
    IV. Existe uma compreensão clara sobre quais substâncias e métodos devem ser considerados *doping*.

    São corretas apenas as afirmativas:

    a) I, II e III.
    b) I, III e IV.
    c) I e III.
    d) I, II e IV.
    e) II, III e IV.

2. Sobre a indústria cultural e a mídia, assinale a alternativa correta.

   a) A indústria cultural é composta pelas empresas que querem manipular a ideologia das pessoas que consomem bens culturais.
   b) A existência das manifestações e modalidades esportivas depende da mídia.
   c) Os grandes eventos esportivos pagam para ter cobertura midiática.
   d) Modalidades esportivas se adaptam às demandas da mídia quando necessário.
   e) O esporte é tão importante para a mídia que esta se adapta aos horários das partidas.

3. Tendo em vista o tema "economia e meio ambiente relacionados ao esporte", analise as assertivas a seguir e assinale V para as verdadeiras e F para as falsas.

   ( ) O esporte pode ser entendido como um produto que é produzido, distribuído e consumido em todo o mundo.
   ( ) O esporte pode influenciar e ser influenciado pelas atividades econômicas de um país.
   ( ) Os impactos ambientais causados pelo esporte são compensados pela consciência ambiental que ele promove.
   ( ) Questões ambientais são irrelevantes na realização de eventos esportivos.

   Agora, assinale a alternativa que apresenta a sequência correta:

   a) V, F, V, F.
   b) V, F, V, V.
   c) F, V, V, F.
   d) F, V, F, F.
   e) V, V, F, F.

4. Tendo em vista as tecnologias no esporte, analise as assertivas a seguir.

   I. Poucas modalidades esportivas de alto rendimento se beneficiam dos avanços tecnológicos.
   II. Os avanços tecnológicos têm grande responsabilidade no crescimento global do esporte.
   III. A tecnologia criou novas formas de prática e consumo do esporte.
   IV. Avanços tecnológicos estão presentes nas práticas do esporte de alto rendimento e no esporte de lazer.

   São corretas apenas as afirmativas:

   a) I, II e III.
   b) I, III e IV.
   c) I e III.
   d) I, II e IV.
   e) II, III e IV.

5. Sobre as questões políticas no esporte e os megaeventos esportivos, assinale a alternativa correta.

   a) Apesar da legislação, no Brasil há interferência do governo no funcionamento das entidades esportivas.
   b) As políticas públicas para o esporte no Brasil estão restritas ao esporte de alto rendimento.
   c) Os megaeventos esportivos podem trazer vantagens e desvantagens para a imagem dos países escolhidos como sede.
   d) O sucesso dos megaeventos esportivos faz com que haja um suporte massivo para sua realização em todos os países.
   e) As confederações esportivas no Brasil são administradas com recursos privados.

■ Atividades de aprendizagem

Questões para reflexão

1. Que exemplos, além daqueles trabalhados, podem ser considerados em cada um dos campos de análise listados neste capítulo?

2. Reveja no quadro de síntese as teorias e categorias sociológicas sugeridas para cada campo de análise. Quais delas você considera ter relação mais próxima, ou seja, maior compatibilidade para serem utilizadas juntas em uma análise sociológica do esporte? Por quê?

Atividade aplicada: prática

1. Escolha um dos temas apresentados neste capítulo e uma modalidade ou evento esportivo para realizar uma análise sociológica completa. Apresente a modalidade ou evento escolhido, desenvolva as etapas do fazer sociológico e elenque questões sociológicas (Capítulo 1); descreva em quais características do esporte e do modelo de análise dos 5 Es essa modalidade ou evento se encaixa (Capítulo 2); e identifique e explique, com base em uma teoria e, pelo menos, duas categorias (Capítulos 3 a 5), alguma característica ou problema que você considere relevante nessa modalidade ou evento.

Considerações finais

A educação física brasileira, em especial ao longo das últimas duas décadas, tem se beneficiado dos conhecimentos advindos da sociologia. Essa aproximação possibilita ampliar e qualificar a leitura da realidade que envolve os seres humanos no processo de construção de suas "biografias de movimento" por via do esporte, do jogo, da brincadeira, da luta, da ginástica, da dança, e assim por diante.

Este livro foi concebido com base em nossa experiência docente e de pesquisa, adquirida no desenvolvimento da disciplina de Sociologia do Esporte em cursos de Educação Física. Essa experiência nos permitiu construir a consciência de que a sociologia precisa ser levada para perto da realidade social, sendo um meio importante para melhor compreendê-la.

Sendo assim, durante os capítulos integrantes desta obra, procuramos revisitar e explorar como têm se construído – se não em sua completude, ao menos em dimensão ampla – as relações entre as áreas de educação física e sociologia aplicadas ao caso específico do esporte. Sendo o esporte um patrimônio cultural do movimento humano e um dos principais objetos de estudo e atuação da educação física, procuramos, no decorrer do texto, ampliar sua significação do ponto de vista conceitual, histórico, sociológico e pedagógico.

Esse percurso, conforme já explicitado em nossa apresentação, foi construído em seis capítulos que buscaram demonstrar a forma como as ciências sociais – a sociologia, mais especificamente – fornecem subsídios para se pensar o esporte. Isso quer dizer que conceitos, teorias e metodologias da sociologia podem ser apropriados pela educação física para se analisar o esporte, já que este é interpretado como um fenômeno social.

No Capítulo 1, procuramos contextualizar e apresentar algumas das lógicas que permeiam a produção de conhecimento no campo das ciências sociais, apontando para uma dinâmica de fazer sociológico e de desenvolvimento da atividade científica que se inspira e se beneficia da proposta do "artesanato intelectual". Além disso, demonstramos o perfil de profissional de educação física que potencialmente se prospecta pela retomada da sociologia e, em particular, da sociologia do esporte.

Por sua vez, no Capítulo 2, realizamos um exercício de construção teórico-conceitual do esporte. Para isso, revisitamos a primeira ocorrência histórica do esporte como fenômeno social datado, que remete à sociedade inglesa, a qual o difundiu para diferentes lugares do globo. Indicamos também que o esporte é uma prática social dinâmica e em constante processo de ressignificação, sendo a destradicionalização uma das lógicas mais recentes que têm orientado a configuração de sua oferta e de sua demanda. Essa dinamicidade, por sua vez, impõe a necessidade de concepções, conceituações e modelos analíticos do esporte que sejam amplos e plurais.

Em seguida, no Capítulo 3, recuperamos e apresentamos, em linhas gerais, alguns modelos teóricos para dar subsídio ao desenvolvimento das análises sociológicas sobre o fenômeno esportivo na sociedade contemporânea. Apontamos que as principais teorias mobilizadas no âmbito da sociologia do esporte e da educação física no Brasil são a teoria do jogo, a teoria marxista, a teoria do processo civilizador, a teoria reflexiva dos campos e as teorias da pós-modernidade e da globalização. Além disso, elucidamos que, mediante os contornos dinâmicos e polissêmicos do esporte e da sociedade em que ele está inserido, as teorias permitem diferentes olhares de análise dessa progressiva complexidade social que envolve o fenômeno esportivo, embora cada uma apresente tanto contribuições quanto limites para esse exercício.

Nos Capítulos 4 e 5, examinamos o esporte com base nos subsídios teóricos da sociologia, dessa vez por meio de categorias de análise sociológica. *Categorias* são conceitos que, articulados com teorias, auxiliam na interpretação de diferentes fenômenos, inclusive o esporte. Nesse sentido, reforçamos que há uma via de mão dupla entre o esporte influenciar a sociedade e ser influenciado por ela, a ponto de percebermos categorias que podem ser aplicadas a diferentes fenômenos sociais. No Capítulo 4, destacamos as categorias *dominação ideológica, resistência, diversidade, inclusão social, secularização, racionalização* e *globalização*. No Capítulo 5, por sua vez, foram abordadas as categorias *catarse, violência, socialização, distinção social, identidade, corporeidade* e *ecologização*.

No último capítulo, abordamos como alguns dos campos de análise do esporte podem ser tratados com base nas diferentes teorias e categorias, seguindo o método sociológico e os debates que foram levantados nos capítulos anteriores. Destacamos alguns dos campos que se mostram relevantes em nossa sociedade na área do esporte, como desvios e inclusão social, indústria cultural e mídia, economia e meio ambiente, virtualização e tecnologias, políticas e megaeventos. Esses debates são centrais quando pensamos em possíveis reflexões sociológicas para o esporte, embora reconheçamos, obviamente, que não são os únicos.

É importante ressaltar que as discussões de teorias, categorias e campos de análise são diversas e não poderiam ser abordadas com profundidade em apenas um livro.

Nos primeiros capítulos, esperamos ter dado subsídios para que você, leitor, possa refletir e identificar em seu cotidiano aspectos em que a análise sociológica auxilie na interpretação do esporte. Esperamos ter levantado sua "curiosidade sociológica" com os exemplos utilizados para explicar o esporte para além do que é imediatamente evidente em vitórias, resultados e recordes. Com base nessa curiosidade, esperamos que você se aprofunde nas teorias e categorias debatidas ou incorpore novos referenciais teóricos em sua rotina de leituras.

Para finalizar, gostaríamos de reforçar que um dos nossos principais objetivos com esta obra é qualificar cada vez mais a ação do profissional de educação física nos seus diversos âmbitos de atuação e formação. Para tanto, nos valemos de um recenseamento histórico e teórico da sociologia do esporte associado às nossas vivências na área. Esperamos lograr êxito nos nossos objetivos. Da mesma forma, desejamos que esta obra contribua para seu sucesso e suas realizações profissionais.

Referências

ALMEIDA, B. S. de. Megaeventos esportivos, política e legado: o Brasil como sede da Copa do Mundo Fifa 2014 e os Jogos Olímpicos e Paralímpicos Rio 2016. **Espacio Abierto**, v. 25, n. 2, p. 67-82, 2016.

ALMEIDA, B. S. de; MARCHI JÚNIOR, W. Movimento olímpico: uma leitura sociológica sobre desenvolvimento, cenários de crises e futuras possibilidades de mudanças. In: RUBIO, K. (Org.). **Preservação da memória**: a responsabilidade social dos Jogos Olímpicos. São Paulo: Képos, 2014. p. 29-46.

ALTHUSSER, L. **Ideologia e aparelhos ideológicos do Estado (notas para uma investigação)**. Lisboa: Editorial Presença, 1974.

BADENHAUSEN, K. FC Barcelona Ranks as the Top Sports Team on Social Media. **Forbes**, 14th July 2016. Disponível em: <https://www.forbes.com/sites/kurtbadenhausen/2016/07/14/fc-barcelona-ranks-as-the-top-sports-team-on-social-media/#25c32d396ab1>. Acesso em: 11 jan. 2019.

BAUMAN, Z. **Globalização**: as consequências humanas. Rio de Janeiro: J. Zahar, 1999.

BAUMAN, Z. **Identidade**: entrevista a Benedetto Vecchi. Rio de Janeiro. Zahar, 2004.

BENATTO, G. V. C. **Velhice, cultura e educação:** abordagem transdisciplinar a partir do corpo no Tai Chi Chuan. 132 f. Dissertação (Mestrado em Educação). Universidade Federal do Pernambuco, Recife, 2016.

BETTI, M. Esporte espetáculo e mídias: implicações para a qualidade da vida. In: MOREIRA, W. W.; SIMÕES, R. (Org.). **Esporte como fator de qualidade de vida**. Piracicaba: Unimep, 2002. p. 25-36.

BOURDIEU, P. **A distinção**: crítica social do julgamento. São Paulo: Edusp; Porto Alegre: Zouk, 2008.

BOURDIEU, P. **As regras da arte**: gênese e estrutura do campo literário. São Paulo: Companhia das Letras, 1996.

BOURDIEU, P. **Coisas ditas**. São Paulo: Brasiliense, 1990a.

BOURDIEU, P. Como é possível ser esportivo? In: BOURDIEU, P. **Questões de sociologia**. Rio de Janeiro: Marco Zero, 1983a. p. 136-153.

BOURDIEU, P. Esboço de uma teoria da prática. In: ORTIZ, R. (Org.). **A sociologia de Pierre Bourdieu**. São Paulo: Olho d'Água, 2003. p. 39-72.

BOURDIEU, P. **O poder simbólico**. Lisboa: Edições 70, 2011.

BOURDIEU, P. **O senso prático**. Petrópolis: Vozes, 2009.

BOURDIEU, P. Programa para uma sociologia do esporte. In: BOURDIEU, P. **Coisas ditas**. São Paulo: Brasiliense, 1990b. p. 207-220.

BOURDIEU, P. **Questões de sociologia**. Rio de Janeiro: Marco Zero, 1983b.

BRACHT, V. A criança que pratica esporte respeita as regras do jogo... capitalista. **Revista Brasileira de Ciências do Esporte**, São Paulo, v. 7, n. 2, p. 62-68, jan. 1986.

BRACHT, V. **Educação física e aprendizagem social**. Porto Alegre: Magister, 1992.

BRACHT, V. **Sociologia crítica do esporte**: uma introdução. Vitória: Ed. da Ufes; Centro de Educação Física e Desportos, 1997.

BRACHT, V. **Sociologia crítica do esporte**: uma introdução. 3. ed. Ijuí: Ed. da Unijuí, 2005.

BRASIL. Constituição (1988). **Diário Oficial da União,** Brasília, DF, 5 out. 1988.

BRASIL. Lei n. 10.264, de 16 de julho de 2001. **Diário Oficial da União**, Poder Legislativo, Brasília, DF, 17 jul. 2001. Disponível em: <http://www.planalto.gov.br/ccivil_03/LEIS/LEIS_2001/L10264.htm>. Acesso em: 11 jan. 2019.

BRASIL. Lei n. 11.438, de 29 de dezembro de 2006. **Diário Oficial da União**, Poder Legislativo, Brasília, DF, 29 dez. 2006. Disponível em: <http://www.planalto.gov.br/ccivil_03/_ato2004-2006/2006/lei/l11438.htm>. Acesso em: 11 jan. 2019.

CAILLOIS, R. **Os jogos e os homens**: a máscara e a vertigem. Lisboa: Cotovia, 2001.

CARVALHO, Y. M. de; RUBIO, K. (Org.). **Educação física e ciências humanas**. São Paulo: Hucitec, 2001.

CAVALCANTI, K. B. **Esporte para todos**: um discurso ideológico. São Paulo: Ibrasa, 1984.

COAKLEY, J. **Sport in Society**: Issues and Controversies. 10. ed. New York: McGraw-Hill, 2009.

COAKLEY, J. Assessing the Sociology of Sport: on Cultural Sensibilities and the Great Sport Myth. **International Review for the Sociology of Sport**, v. 50, n. 4-5, p. 402-406, 2015.

COOKY, C.; LAVOI, N. M. Playing But Still Losing: Women's Sports After Title IX. **Contexts**, v. 11, n. 1, p. 42-46, 2012.

DAMATTA, R. Esporte na sociedade: um ensaio sobre o futebol brasileiro. In: DAMATTA, R. (Org.). **Universo do futebol**: esporte e sociedade brasileira. Rio de Janeiro: Pinakotheke, 1982. p. 19-42.

DURKHEIM, E. Educação e Sociologia. In: FILLOUX, J. C. Émile Durkheim. Recife: Fundação Joaquim Nabuco; Massangana, 2010. p. 39-86.

ELIAS, N. **A sociedade de corte**. Rio de Janeiro: J. Zahar, 2001.

ELIAS, N. **A sociedade dos indivíduos**. Rio de Janeiro: J. Zahar, 1994.

ELIAS, N. **Envolvimento e alienação**. Rio de Janeiro: Bertrand Brasil, 1998.

ELIAS, N. **Introdução à sociologia**. Lisboa: Edições 70, 2011a.

ELIAS, N. **O processo civilizador**. 2. ed. Rio de Janeiro: J. Zahar, 2011b. v. 1: Uma história dos costumes.

ELIAS, N. **O processo civilizador**. Rio de Janeiro: J. Zahar, 1993. v. 2: Formação do Estado e civilização.

ELIAS, N.; DUNNING, E. **A busca da excitação**. Lisboa: Difel, 1992.

GEBARA, A. **Conversas sobre Norbert Elias**: depoimentos para história do pensamento sociológico. 2. ed. Piracicaba: Biscalchin, 2006.

GIDDENS, A. A vida em uma sociedade pós-tradicional. In: BECK, U. et al. (Org.). **Modernização reflexiva**: política, tradição e estética na ordem social moderna. São Paulo: Ed. da Unesp, 2012. p. 89-166.

GOMIDE, R.; CLEMENTE, I.; CARDOSO, A. L. Olimpíada: a corrida contra o tempo no Rio de Janeiro. **Época**, maio 2014. Disponível em: <https://epoca.globo.com/vida/noticia/2014/05/bolimpiadab-corrida-contra-o-tempo-no-rio-de-janeiro.html>. Acesso em: 11 jan. 2019.

GONÇALVES-DIAS, S. L. F. Um convite à reflexão sobre o dilema "sociedade ou natureza". **Revista de Administração de Empresas**, v. 48, n. 2, p. 152-153, abr./jun. 2008.

GRIGOROWITSCHS, T. O conceito "socialização" caiu em desuso? Uma análise dos processos de socialização na infância com base em Georg

Simmel e George H. Mead. **Educação & Sociedade**, Campinas, v. 29, n. 102, p. 33-54, 2008.

GUTTMANN, A. **From Ritual to Record**: the Nature of Modern Sports. New York: Columbia University Press, 2004.

HELAL, R. **O que é sociologia do esporte**. São Paulo: Brasiliense, 1990.

HOBSBAWM, E. **Da Revolução Industrial inglesa ao imperialismo**. Rio de Janeiro: Forense Universitária, 2003.

HOLLANDER, J. A.; EINWOHER, R. L. Conceptualizing Resistance. **Sociological Forum**, v. 19, n. 4, p. 533-554, 2004.

HUIZINGA, J. **Homo ludens**: o jogo como elemento da cultura. São Paulo: Perspectiva, 1999.

HÚNGARO, E. M.; PATRIARCA, A. C.; GAMBOA, S. S. A decadência ideológica e a produção científica na educação física. **Revista Pedagógica**, v. 19, n. 40, p. 43-67, jan./abr. 2017.

IANNI, O. **A sociedade global**. Rio de Janeiro: Civilização Brasileira, 1992.

JAGER, R. et al. International Society of Sports Nutrition Position Stand: Protein and Exercise. **Journal of the International Society of Sports Nutrition**, v. 14, n. 20, p. 1-25, 2017.

LAHIRE, B. Disposições e contextos de ação: o esporte em questões. **Revista Movimento**, Porto Alegre, v. 16, n. 4, p. 11-29, out./dez. 2010.

LE BRETON, D. **A sociologia do corpo**. Petrópolis: Vozes, 2006.

LEAGUE OF LEGENDS. 2016 League of Legends World Championship by the Numbers. 6th Dec. 2016. Disponível em: <http://www.lolesports.com/en_US/articles/2016-league-legends-world-championship-numbers>. Acesso em: 11 jan. 2019.

LUCENA, R. F. **O esporte na cidade**: aspectos do *esforço civilizador* brasileiro. 140 f. Tese (Doutorado em Educação Física) – Universidade de Campinas, Campinas, 2000.

MAGNANE, G. **Sociologie du Sport**. Paris: Gallimard. 1964.

MAGUIRE, J. et al. **Sport Worlds**: a Sociological Perspective. Champaign: Human Kinetics, 2002.

MARCHI, K. B. **Do surf ao tow-in**: do processo civilizador à sociedade de risco. 172 f. Tese (Doutorado em Educação Física) – Universidade Federal do Paraná, Curitiba, 2017.

MARCHI JÚNIOR, W. **"Sacando" o voleibol**: do amadorismo à espetacularização da modalidade no Brasil (1970-2000). Tese (Doutorado em Educação Física) – Universidade de Campinas, Campinas, 2001.

MARCHI JÚNIOR, W. **"Sacando" o voleibol**. São Paulo: Hucitec; Ijuí: Ed. da Unijuí, 2004.

MARCHI JÚNIOR, W. O esporte "em cena": Perspectivas históricas e interpretações conceituais para a construção de um modelo analítico. **The Journal of the Latin American Socio-cultural Studies of Sport**, Curitiba, v. 5, n. 1, p. 46-67, 2015.

MARCHI JÚNIOR, W. (Org.). **Ensaios em sociologia do esporte**. Curitiba: Factash, 2011.

MARCHI JÚNIOR, W.; AFONSO, G. F. Globalização e esporte: apontamentos introdutórios para um debate. In: RIBEIRO, L. **Futebol e globalização**. Jundiaí: Fontoura, 2007. p. 131-149.

MARX, K. **Contribuição à crítica da economia política**. São Paulo: Expressão Popular, 2008.

MILLS, C. W. **Sobre o artesanato intelectual e outros ensaios**. Rio de Janeiro: J. Zahar, 2009.

MONTEIRO, I. O processo civilizador em Riacho das Almas. **Revista Universitária do Audiovisual**, 15 mar. 2009. Disponível em: <http://www.rua.ufscar.br/o-processo-civilizador-em-riacho-das-almas/>. Acesso em: 11 jan. 2019.

MOSCOVICI, S. **Natureza**: para pensar a ecologia. Rio de Janeiro: Mauad X, 2007.

MYSKIW, M.; MARIANTE NETO, F. P.; STIGGER, M. P. Jogando com as violências no esporte de lazer: notas etnográficas sobre o "guri" e o "nego véio da várzea". **Movimento**, Porto Alegre, v. 21, n. 4, p. 889-902, out./dez. 2015.

NEGREIROS, P. L. O Brasil no cenário internacional: Jogos Olímpicos e Copas do Mundo. In: DEL PRIORE, M.; MELO, V. A. de (Org.). **História do esporte no Brasil**. São Paulo: Ed. da Unesp, 2009. p. 293-330.

ORTIZ, R. Anotações sobre o universal e a diversidade. **Revista Brasileira de Educação**, Campinas, v. 12, n. 34, p. 7-16, 2007.

ORTIZ, R. **Ciências Sociais e trabalho intelectual**. São Paulo: Olho d'Água, 2002.

ORTIZ, R. **Mundialização e cultura**. São Paulo: Brasiliense, 1994.

PILATTI, L. A. **Os donos das pistas**: uma efígie sociológica do esporte federativo brasileiro. 255 f. Tese (Doutorado em Educação Física) – Universidade Estadual de Campinas, Campinas, 2000.

PIMENTEL, G. G. A. Leituras pós-modernistas nos estudos do lazer. In: PIMENTEL, G. G. A. (Org.). **Teorias do lazer**. Maringá: Eduem, 2010.

p. 151-182.

POLETTO, J.; KREUTZ, L. HALL, Stuart. A identidade cultural na pós-modernidade. **Conjectura**, Caxias do Sul, v. 19, n. 2, p. 199-203, maio/ago. 2014. Resenha.

POLÍCIA de Toronto investiga nova acusação de assédio sexual envolvendo jogadores brasileiros. **Zero Hora**, 29 out. 2015. Disponível em: <http://zh.clicrbs.com.br/rs/esportes/noticia/2015/10/policia-de-toronto-investiga-nova-acusacao-de-assedio-sexual-envolvendo-jogadores-brasileiros-4889753.html>. Acesso em: 11 jan. 2019.

PRONI, M. W. **Esporte-espetáculo e futebol-empresa**. 275 f. Tese (Doutorado em Educação Física) – Universidade de Campinas, Campinas, 1998.

PWC SPORTS OUTLOOK. At the Gate and Beyond: Outlook for the Sports Market in North America Through 2021. 2017. Disponível em: <https://www.pwc.com/us/en/industry/entertainment-media/publications/assets/pwc-sports-outlook-2017.pdf >. Acesso em: 11 jan. 2019.

RIBEIRO, L. M. O conceito de massa não existe. **Revista Observatório**, Palmas, v. 2, n. 2, p. 46-60, 2016.

ROCHE, M. **Mega-Events and Modernity**: Olympics and Expos in the Growth of Global Culture. New York: Routledge, 2000.

ROSADO, R. M. Natureza: para pensar a ecologia. **Revista de Estudos Universitários**, Sorocaba, v. 33, n. 2, p. 173-179, dez. 2007.

RÜDIGER, F. A Escola de Frankfurt e a trajetória da crítica à indústria cultural. **Estudos de Sociologia**, Araraquara, v. 3, n. 4, p. 17-29, 1998.

SANTOS, S. M. et al. Mídia e Jogos Paralímpicos no Brasil: a cobertura da Folha de S.Paulo entre 1992 e 2016. **Revista Brasileira de Ciências do Esporte**, 8 maio 2018. Disponível em: <https://doi.org/10.1016/j.rbce.2018.03.012>. Acesso em: 11 jan. 2019.

SELL, C. E. Racionalidade e racionalização em Max Weber. **Revista Brasileira de Ciências Sociais**, São Paulo, v. 27, n. 79, p. 153-233, jun. 2012.

SOARES, A. J. G. Futebol brasileiro e sociedade: a interpretação culturalista de Gilberto Freyre. In: ALABARCES, P. (Org.). **Futbologías**: fútbol, identidad y violencia en América Latina. Buenos Aires: Clacso, 2003. v. 1. p. 145-162.

SOARES, C. L. et al. **Metodologia do ensino de educação física**. São Paulo: Cortez, 1992.

SOUZA, J. de. **O xadrez em xeque** – uma análise sociológica da "história esportiva" da modalidade. 192 f. Dissertação (Mestrado em Educação Física) – Universidade Federal do Paraná, Curitiba, 2010.

SOUZA, J. de. **O "esporte das multidões" no Brasil**: entre o contexto de ação futebolístico e a negociação mimética dos conflitos sociais. 432 f. Tese (Doutorado em Educação Física) – Universidade Federal do Paraná, Curitiba, 2014.

SOUZA, J. de; ALMEIDA, B. S. de; MARCHI JÚNIOR, W. Por uma reconstrução teórica do futebol a partir do referencial sociológico de Pierre Bourdieu. **Revista Brasileira de Educação Física e Esporte**, São Paulo, v. 28, n. 2, p. 221-232, jun. 2014.

SOUZA, J. de; MARCHI JÚNIOR, W. Por uma gênese do campo da sociologia do esporte: cenários e perspectivas. **Movimento**, Porto Alegre, v. 16, n. 2, p. 45-70, abr./jun. 2010.

SOUZA, J. de O "match do século" e a "história esportiva" do xadrez – uma interpretação sociológica. **Motriz,** Rio Claro, v. 19, n. 2, p. 399-411, abr./jun. 2013.

SOUZA, J. de Bourdieu e a sociologia do esporte: contribuições, abrangência e desdobramentos teóricos. **Tempo Social**, São Paulo, v. 29, n. 2, p. 243-286, 2017.

SOUZA, J. de; STAREPRAVO, F. A.; MARCHI JÚNIOR, W. A sociologia configuracional de Norbert Elias: potencialidades e contribuições para o estudo do esporte. **Revista Brasileira de Ciências do Esporte**, Florianópolis, v. 36, n. 2, p. 429-445, abr./jun. 2014.

SPAGGIARI, E.; MACHADO, G. M. C.; GIGLIO, S. S. (Org.). **Entre jogos e Copas**: reflexões de uma década esportiva. São Paulo: Intermeios; Fapesp, 2016.

STIGGER, M. P. (Org.). **Educação Física + Humanas**. Campinas: Autores Associados, 2015.

SZAZI, E. **Terceiro Setor**: regulação no Brasil. 4. ed. São Paulo: Peirópolis, 2006.

TANI, G. et al. **Educação física escolar**: fundamentos de uma abordagem desenvolvimentista. São Paulo: EPU, 1988.

WHANNEL, G. Television and the Transformation of Sport. **Annals of the American Academy of Political and Social Science**, v. 625, p. 205-218, Sept. 2009.

Bibliografia comentada

ALMEIDA, M. A. B. de. **Estudos interdisciplinares em sociologia do esporte**. São Paulo: Escola de Artes, Ciências e Humanidades, 2015.

Essa obra é uma coletânea de textos elaborada com base no Segundo Encontro Paulista de Sociologia do Esporte. Os capítulos abordam, inicialmente, uma perspectiva teórico-conceitual, seguida por análises aplicadas a diferentes temas: tecnologia e deficiência, formação de treinadores, práticas esportivas e de lazer (*skate*, futebol americano e rúgbi) e megaeventos esportivos.

BRACHT, V. **Sociologia crítica do esporte**: uma introdução. 3. ed. Ijuí: Ed. da Unijuí, 2005.

Trata-se de um texto introdutório sobre a sociologia do esporte que apresenta as principais tendências teóricas que têm norteado a produção de conhecimento nessa área. O livro é composto por 10 capítulos que se articulam e são desenvolvidos fundamentados nas teorizações críticas sobre o fenômeno esportivo moderno, que buscam ampliar e qualificar a leitura dessa prática social no que se refere, sobretudo, aos elementos de dominação e às ambiguidades que ela manifesta e engendra.

CARVALHO, Y. M. de; RUBIO, K. (Org.). **Educação física e ciências humanas**. São Paulo: Hucitec, 2001.

Essa obra reúne professores e pesquisadores de diversos campos do conhecimento e tem como objetivo agregar ao debate emergente na educação física brasileira os aspectos conceituais e metodológicos das ciências humanas. Nesse sentido, os textos foram organizados e distribuídos em seis áreas, a saber: antropologia, educação, filosofia, história, psicologia e sociologia.

COAKLEY, J. **Sport in Society**: Issues and Controversies. 11. ed. New York: McGraw-Hill, 2015.

Trata-se de um clássico, e leitura obrigatória, para a área de sociologia do esporte. Nessa obra, o autor consegue sistematizar em 16 capítulos um texto teórico e analítico sobre as principais questões e campos que envolvem a área, tais como o esporte e suas relações com a socialização, a violência, os desvios, a participação das crianças, as problematizações em torno do debate sobre esporte, gênero, etnias, classes sociais, idosos, mídia, política, religião, entre outros.

MARCHI JÚNIOR, W. (Org.). **Ensaios em sociologia do esporte**. Curitiba: Factash, 2011.

Trata-se de uma coletânea produzida com base em teses e dissertações orientadas pelo organizador da obra. Seus 15 capítulos articulam diferentes metodologias fundamentadas nas teorias de Norbert Elias e Pierre Bourdieu para analisar diferentes temas do esporte, divididos em quatro partes: (1) perspectivas teóricas da sociologia do esporte; (2) esporte e estado; (3) esportes e grupos sociais; e (4) Esporte e espetáculo.

STIGGER, M. P. (Org.). **Educação física + humanas**. Campinas: Autores Associados, 2015.

Trata-se de uma coletânea composta por 11 textos que proporcionam uma série de reflexões e aproximações entre a educação física brasileira e o campo das ciências humanas. Ademais, a obra oferece uma espécie de estado da arte das discussões que, pelo menos nas últimas três décadas, têm sido realizadas no contexto da educação física, a fim de esclarecer o movimento humano e a profissão para além dos fundamentos biodinâmicos e motores que predominam na área.

Respostas

Capítulo 1

Atividades de autoavaliação

1. c
2. e
3. c
4. b
5. d

Atividades de aprendizagem

Questões para reflexão

1. Etapas descritas, didaticamente, na Figura 1.2.
2. O senso comum pode ser prejudicial à pesquisa por não corresponder à realidade do objeto ou do campo investigado. Como exemplo, podemos citar os mitos acerca do futebol brasileiro, tais como os revelados em afirmações como "Brasil, o país do futebol arte", ou ainda na suposta "ginga brasileira". Essas prenoções não indicam a realidade, tendo em vista que atribuem maior habilidade aos brasileiros quando comparados a outros jogadores do resto do mundo. Basta pensar em quantos atletas de diferentes nacionalidades são exímios jogadores de futebol.

Atividade aplicada: prática

1. Exemplo:
    - Objeto: Jogos eletrônicos
    - Tema: *E-sports*
    - Perguntas preliminares:

- Será que os jogos eletrônicos detêm todos os elementos necessários para que sejam considerados esportes?
- Por que os jogos eletrônicos enfrentam dificuldades de inclusão no cenário esportivo?
- Como está o processo de esportivização dos jogos eletrônicos no campo esportivo?
- Problema: Quais fatores sociais nos permitem defender os jogos eletrônicos como esporte (pós-)moderno?

Capítulo 2

Atividades de autoavaliação

1. a
2. c
3. a
4. a
5. c

Atividades de aprendizagem

Questões para reflexão

1. Por exemplo, as regras que chegaram juntamente com o futebol e se difundiram pelo mundo. Nessa esteira, podemos pensar em algumas das regras que foram importadas para outros esportes, isto é, que foram absorvidas e adaptadas em outras modalidades.
2. Exemplo de resposta: O futebol. Essa modalidade pode flutuar por todas as dimensões do modelo analítico dos 5 Es. No entanto, é possível enxergar com maior facilidade as categorias *espetáculo*, *ética* e *emoção*:
   - Espetáculo: milhares de pessoas acompanhando os jogos pela televisão ou em estádios.
   - Ética: a questão do *fair play* entre os jogadores e também entre a própria torcida.
   - Emoção: os jogos podem gerar altas doses de tensão/excitação.

   Um dos grandes desafios do futebol está concentrado na questão ética, sobretudo em como reduzir as brigas entre torcidas.

Atividade aplicada: prática

1. Exemplo de resposta: O antigo vale-tudo, com o passar do tempo, foi substituído pelo MMA. Em linhas gerais, uma série de golpes foi sendo suprimida da modalidade a fim de proporcionar menos riscos à integridade dos atletas.

Capítulo 3

Atividades de autoavaliação

1. d
2. c
3. c
4. e
5. b

Atividades de aprendizagem

Questões para reflexão

1. Resposta individual.
2. Como exemplo, podemos mencionar a questão do comportamento dos torcedores no estádio de futebol. Nesse local, o insulto ao árbitro se torna algo "normal". Outro exemplo que podemos citar é o da entrevista praticamente "padronizada" que o atleta dá ao rádio ou à televisão: dificilmente o jogador expõe o que realmente está pensando no momento, pois sabe que as "consequências" de sua fala podem interferir em sua carreira.

Atividade aplicada: prática

1. Podemos notar que as práticas "dominantes" no Brasil são o futebol e o voleibol, quando comparadas com modalidades como o handebol ou o *bicicross*, por exemplo, que são práticas esportivas "dominadas" diante das duas primeiras. Além disso, modalidades como o golfe e o tênis de campo são consideradas "mais distintas" do que o judô ou a capoeira. Essa é a ideia de estrutura do campo esportivo brasileiro em que você deve pensar.

Capítulo 4

Atividades de autoavaliação

1. a
2. b
3. d
4. c
5. e

Atividades de aprendizagem

Questões para reflexão

1. A seguir citamos possibilidades e exemplos para cada uma das categorias em questão:
   - **Dominação ideológica:** uso do esporte por militares para propagar a filosofia de disciplina, força, coordenação e trabalho em equipe.
   - Resistência: criação de eventos esportivos específicos para grupos que não se sentem incluídos em eventos tradicionais, como as Surdolimpíadas, os Jogos Gays e os Jogos Paralímpicos.
   - **Diversidade:** o uso do esporte para questionar corpos ideais por meio da comparação de diferentes biótipos em competições como ginástica, basquete, halterofilismo e judô.
   - **Inclusão social:** debate em torno do esporte como espaço democrático, de acesso a diferentes grupos sociais.
   - **Secularização:** mudança de local de clubes esportivos, comum nos Estados Unidos e em algumas equipes de voleibol do Brasil, em que não se cria uma identidade com o local de origem. As relações são eminentemente seculares, visto que se encara o esporte como negócio.
   - **Racionalização:** qualquer organização esportiva ou processo de formalização de competições.
   - **Globalização:** processo interligado a todo tipo de relação internacional do esporte.
2. Exemplo de resposta: Quando abordamos situações de resistência, podemos considerar as categorias *racionalização* (organização de grupos para mobilização contra as situações elencadas) e *dominação ideológica* (relacionada aos diferentes níveis de poder e motivadora de resistência de grupos).

Atividade aplicada: prática

1. Ao escolher a reportagem, é importante analisar:
   - Quem são os grupos que estão sendo citados ou têm relação com o caso escolhido?
   - Há uma relação de poder entre eles?
   - Qual é a forma de relacionamento entre esses grupos? Há alguma liderança ou hierarquia?
   - Algum grupo se sente excluído ou prejudicado? Ou, ao contrário, alguém está sendo incluído?
   - Trata-se de uma situação específica ou que pode ser pensada no contexto global?
   - Quais são os argumentos ou pontos de vista indicados na reportagem?
   Essas questões podem auxiliar na identificação das categorias.

Capítulo 5

Atividades de autoavaliação

1. d
2. e
3. a
4. d
5. e

Atividades de aprendizagem

Questões para reflexão

1. Para analisar a relação entre categorias e teorias, você pode listar uma coluna com as teorias e outra com as categorias, fazendo linhas de conexão. Algumas linhas podem ser mais largas ou mais finas, a fim de indicar quais relações são mais ou menos evidentes. Você pode comparar suas relações com o quadro que apresentamos na síntese do Capítulo 6.
2. Quando se atua em uma academia, por exemplo, é possível perceber com mais evidência as questões relacionadas à corporeidade, num contexto em que as pessoas buscam corpos "ideais". Ao se trabalhar com esportes, é possível identificar que algumas pessoas buscam praticá-los para se relacionarem com outras pessoas, ou, ainda, para viver situações em que há formação de grupos, nos quais há resistência para se lidar com certas regras. Se você se imagina como professor de Educação Física na escola, talvez identifique os desafios de se lidar com a diversidade e a violência entre alunos. Esses são apenas alguns exemplos, uma vez que cada área de atuação apresenta possibilidades para se relacionar com uma série de categorias, dependendo do olhar de cada um.

Atividade aplicada: prática

1. A intenção desta atividade é que você se aprofunde em uma das categorias e pense em diferentes situações reais. Você pode fazer pesquisas em notícias ou mesmo acompanhar programas de televisão ou na internet para identificar essas situações. Ainda que as notícias esportivas tenham como foco os resultados ou a antecipação de partidas futuras, você possivelmente será capaz de fazer uma lista com, pelo menos, cinco casos para cada categoria.

Capítulo 6

Atividades de autoavaliação

1. a
2. d
3. e
4. e
5. c

Atividades de aprendizagem

Questões para reflexão

1. Outras possibilidades ou exemplos de relação com os campos de análise são os seguintes:
    - **Desvios e inclusão social**: o próprio esporte pode ser considerado tanto desvio quanto inclusão social, visto que, muitas vezes, os atletas se comprometem de tal forma que não compartilham das experiências sociais de outras pessoas, ao mesmo tempo que têm um contato muito próximo com colegas de equipe e técnicos, por vezes por mais tempo que com a própria família.
    - **Indústria cultural e mídia**: abordamos com mais ênfase o esporte de rendimento nesse campo de análise, embora outras manifestações esportivas também possam ser exploradas pela indústria cultural e pela mídia, a fim de vender produtos esportivos ou imagens ideais sobre saúde, corpo e qualidade de vida.
    - **Economia e meio ambiente**: embora ao tratar de economia pensemos majoritariamente em custos financeiros, podemos considerar outros recursos que são investidos pelas pessoas, como tempo e energia, quando elas se dedicam às atividades físicas e esportivas ou torcem intensamente por uma equipe. Trata-se do uso de recursos que não necessariamente se traduz no financeiro. Essa lógica de "recursos" também pode ser pensada em relação ao uso (e ao abuso) do meio ambiente – por exemplo, quando eventos esportivos mobilizam as pessoas, geram mais lixo, ruído e poluição.
    - **Virtualização e tecnologias**: embora pensemos em tecnologias de ponta, podemos considerar a evolução dos materiais em equipamentos mais básicos, como roupas, calçados e bolas. Além disso, é importante considerar os discursos que relacionam o uso de equipamentos tecnológicos com a prevenção de lesões, o que pressupõe também recursos tecnológicos para as análises científicas.

- **Políticas e megaeventos**: ao abordarmos aspectos dos megaeventos, podemos transferir alguns dos usos políticos em eventos menores, os quais se tornam relevantes no contexto de um bairro ou de uma cidade. É possível identificar promessas realizadas, mas nem sempre cumpridas, assim como a expectativa de diversos benefícios que nem sempre chegam àqueles que mais precisam.

2. Como vimos no decorrer dos capítulos, existem algumas teorias que apresentam maior ligação com as categorias sociológicas, uma vez que foram conceitos construídos em conjunto. Nesse sentido, as teorias marxistas, por exemplo, abordam de forma muito íntima os debates sobre dominação ideológica e resistência, assim como sobre o processo civilizador e a categoria *violência*. Por outro lado, embora o processo civilizador não traga um debate específico sobre inclusão social, é uma interpretação viável em algumas condições. Em relação aos campos de análise, os próprios termos evidenciam relações mais próximas, como ocorre com desvios e inclusão social + categoria *inclusão social*; e economia e meio ambiente + categoria *ecologização*. Além disso, o debate sobre tecnologias e virtualização é recente, razão pela qual muitas teorias e categorias foram criadas antes de esse processo se tornar mais evidente. Por isso, trata-se de uma apropriação e interpretação dos conceitos e teorias.

Atividade aplicada: prática

1. No tema ou evento à sua escolha, considere responder as seguintes questões, relacionadas a cada capítulo:
    - Capítulo 1: Como o senso comum aborda esse tema ou evento? O que é esse tema ou evento? Como ele acontece ou se desenvolveu no decorrer do tempo? Por que ele se conforma dessa maneira atualmente?
    - Capítulo 2: Como ele se apresenta na perspectiva da ética, da estética, da economia etc.?
    - Capítulo 3: Como você relacionaria o tema/evento com o processo civilizador? Com a teoria marxista? Com a teoria do jogo? Com a teoria reflexiva dos campos? Com a globalização e a pós-modernidade?
    - Capítulo 4: Você consegue relacionar o tema/evento com as categorias *dominação ideológica*, *resistência*, *racionalização*, *secularização*, *diversidade*, *inclusão social* e *globalização*?
    - Capítulo 5: Você consegue relacionar o tema/evento com as categorias *catarse*, *violência*, *socialização*, *ecologização*, *identidade*, *corporeidade* e *distinção social*?

- Capítulo 6: Você consegue incluir o tema/evento dentro dos campos de análise propostos (desvios e inclusão social, indústria cultural e mídia, economia e meio ambiente, virtualização e tecnologias, políticas e megaeventos)? Quais são as características que o incluem nesse(s) campo(s)?

Sobre os autores

Bárbara Schausteck de Almeida é doutora em Educação Física pela Universidade Federal do Paraná (UFPR), na linha de pesquisa História e Sociologia do Esporte. Em seu período de doutoramento, realizou estágio na University of Chichester (Inglaterra). Atuou como docente na Universidade Estadual de Londrina (UEL), no Centro Universitário Internacional Uninter e como editora do periódico *The Journal of Latin American in Sociocultural Studies of Sport*. É consultora e compõe o comitê editorial de revistas nacionais e internacionais na área de sociologia e política do esporte e lazer.

Juliano de Souza é mestre e doutor em Educação Física pela UFPR. É professor associado do Departamento de Educação Física da Universidade Estadual de Maringá (UEM), professor permanente do Programa de Pós-Graduação Associado em Educação Física da UEM e da UEL, coordenador do Observatório de Educação Física e Esporte (Oefe) da UEM e pesquisador do Centro de Pesquisa em Esporte, Lazer e Sociedade (Cepels) da UFPR e da Asociación Latinoamericana de Estudios Socioculturales del Deporte (Alesde). Tem experiência com ensino nas áreas de educação física e esportes em diferentes níveis de formação e em projetos sociais, além de atuar com pesquisas nas áreas de teoria da educação física e sociologia do esporte.

Wanderley Marchi Júnior é mestre e doutor em Educação Física pela Universidade Estadual de Campinas (Unicamp). Tem pós-doutorado em Sociologia do Esporte pela West Virginia University (USA) e é licenciado em Educação Física e Técnico-Desportivo pela Universidade Estadual Paulista "Júlio de Mesquita Filho" (Unesp). Foi presidente da Asociación Latinoamericana de Estudios Socioculturales del Deporte/Alesde (2014-2018) e editor-chefe do *The Journal of Latin American in Sociocultural Studies of Sport* (JLASSS). Como professor titular da UFPR, atua nos programas de pós-graduação dos departamentos de Educação Física e de Ciências Sociais e também coordena o Centro de Pesquisa em Esporte, Lazer e Sociedade (Cepels). É editor-correspondente da International Review for the Sociology of Sport (IRSS) e pesquisador do Instituto de Pesquisa Inteligência Esportiva (IPIE/UFPR).

Impressão:
Setembro/2024